감국대신 위안스카이

좌절한 조선의 근대와 중국의 간섭

일러두기

1. 이 책의 외래어와 외국어는 외래어표기법에 따라 표기했습니다. 단, 청대 인물들의 이름은 우리 식 한자음으로 표기하되, 원칙적으로 처음 나올 때만 한자와 표기법에 맞춘 원지음을 괄호 속에 나란히 썼습니다. 중국 지명은 우리 식 한자음으로 표기했습니다.
2. '袁世凱'는 일러두기 1에 따라 책 제목에만 위안스카이로 쓰고, 본문에서는 원세개로 표기했습니다.

이 도서의 국립중앙도서관 출판예정도서목록(CIP)은
서지정보유통지원시스템 홈페이지(http://seoji.nl.go.kr)와
국가자료종합목록 구축시스템(http://kolis-net.nl.go.kr)에서 이용하실 수 있습니다.
(CIP제어번호 : CIP2020002157)

uan Shikai

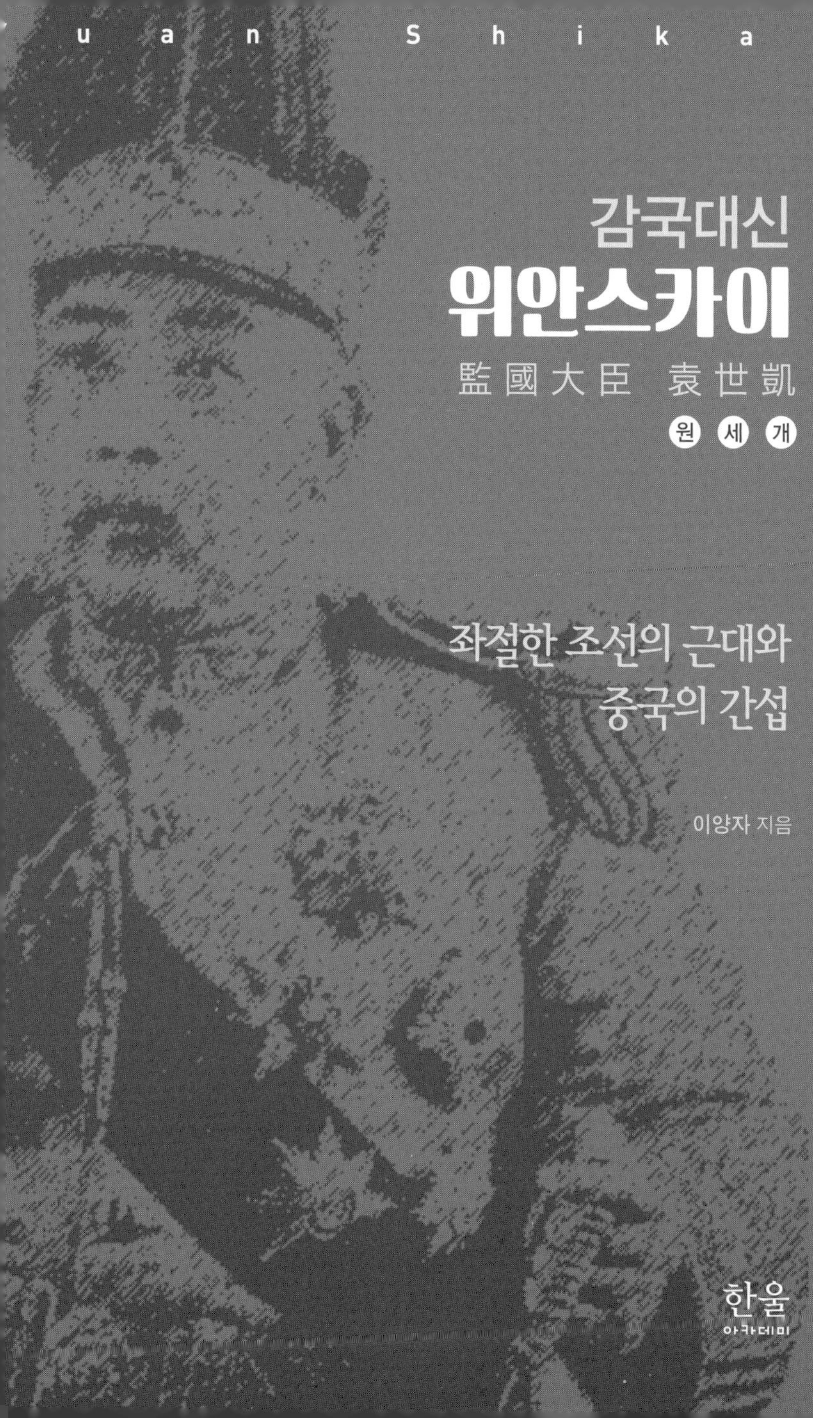

감국대신 위안스카이

監國大臣 袁世凱

원 세 개

좌절한 조선의 근대와 중국의 간섭

이양자 지음

한울 아카데미

차례

책을 펴내며

이 책은 1882년부터 1894년까지, 중국이 '속번(屬藩)' 체제를 내세워 한중 관계사상 전례 없이 우리나라를 옥죄고 간섭한 청국의 관리 원세개(袁世凱, 위안스카이, 1859~1916)의 국권 침탈에 관해 다루었다. 즉 원세개가 청국의 북양대신(北洋大臣) 이홍장(李鴻章, 리훙장)의 정책적 지원을 받으며 조선에 대한 정책을 어떻게 추진했는지 낱낱이 살펴보고자 했다.

조선이 청을 종주국으로 인정했지만, 19세기 말의 원세개와 같은 '감국대신(監國大臣)'을 청이 실제로 파견했던 적은 없었다. 그것은 명대에도 마찬가지였다. 중국이 종주국임을 인정했다 해도 조선은 실질적으로 독립국이었다. 조선과 중국 간의 이른바 '사대(事大)'·'종번(宗藩)' 관계란 전통적인 유교적 천하관에서 중국 중심 국제질서를 의례(儀禮)적으로 따른다는 것이다. 다시 말해 그것은 전근대 동아시아 각국의 다원적 소중화(多元的 小中華) 관념이 공존하는, 특수한 형태의 세계관을 집약한 관념이었다. 따라서 그 관계는 역사 시기와 각국의 사정에 따라 상대적 차별성이 있을 뿐이었다. 그런데 19세기 중엽 서구의 근대 국민국가, 제국주의 질서가 새로운 세계질서가 되어 동아시아를 덮쳐왔을 때 중국은 전통의 의례적 '사대' 관계를 실질적 속국화 정책의 근거로 이용하여 근대적 제국주의 질서 속에서 자국의 국가이익을 강화하려 했다. 그리하여 실질적인 감국대신 원세개가 조선에 부임해, 전례 없이 정치·경제·외교 분야에서 온갖 내정간섭을 다 한 것이다.

임오군란(壬午軍亂) 이래 갑신정변(甲申政變) 진압의 '공적(功績)'으로, 1885년 조선의 내정과 외교를 감시하는 요직에 오른 26세의 젊은 출세주의자 원세개는 이홍장의 속국화 정책을 더욱 적극적으로 집행함으로써 조선 고종 정권의 외교적 자주화, 자립적 내정 시도를 사사건건 봉쇄해 조선의 국권을 유린했다. 아울러 조선의 수도 한성과 내지(內地)를 청 상인이 영업할 수 있게 개방한 '조청상민수륙무역장정(朝淸商民水陸貿易章程)'을 강력히 집행하고, 심지어 청국 상인의 조선 내지 밀무역까지 지원하는 파렴치한 침탈 행위를 자행함으로써 당시 세계 제국주의의 불평등조약 가운데서도 전례 없는 이권 침탈의 선례를 만들었다.

그리고 일본과의 경쟁을 위해 청의 해관(海關)과 전신(電信), 기선(氣船), 항운(航運)을 조선까지 연장해 독점하려는 원세개의 국권 침탈은 조선의 내정이 중국 양무운동의 부속으로 종속된 사정을 반영한다. 더욱이 차관 교섭과 구미(歐美)에 외교관 파견을 위한 조선 조정의 노력조차 봉쇄되었다. 그러나 이러한 중국의 침탈 과정은 청일전쟁으로 중국을 파탄에 이르게 했다. 중국의 압제에 대한 고종과 민비(명성황후) 정권의 소극적이지만 끈질긴 저항은 이 시기

국권 확립과 근대화 추진 과제를 둘러싼 위기 상황을 잘 보여준다.

원세개가 집행한 청국의 조선속국화 정책은 1905년 일본의 '한일협상조약'(을사조약) 이전 시기에 가장 강도 높은 외세 침략의 형태로, 이러한 사실들을 학문적으로 소상히 밝혀보는 것이 필자의 바람이었고 또한 이 책을 다시 펴내는 이유이기도 하다. 1882년부터 1894년까지 중국의 내정간섭 시기는 날로 높아가는 제국주의의 격랑 속에서, 비록 짧았지만 조선이 자주적으로 개혁할 수 있는 마지막 기회였다. 그야말로 조선의 근대화 의지가 기회를 얻을 골든타임이었던 이 천금 같은 시기가 유실된 것은 청과 원세개에게 막대한 책임이 있음을 이 책을 통해 확인할 수 있을 것이다.

그런데 대다수 한국인들은 조선의 망국을 일본 탓으로만 돌리고 있으며, 청나라가 서양과 일본에 대항해 중화제국의 부흥을 시도하며 조선을 침략한 역사는 잘 모르고 있다. 임오군란에서 청일전쟁까지 10여 년 동안 이루어진 청나라의 군사·정치·경제 면에서의 침탈과 그 현지 집행자였던 원세개의 존재를 다시 기억해 내는 것은 그러한 역사적 사실을 알리는 데 꼭 필요한 일이다. 더욱이 중국과 미국을 둘러싼 오늘의 국제적 상황에서 한국의 외교적 선택이 다시 중대한 고비에 이른 현실을 보면서, 이전에 출간된 책을 수정·보완해 다시 출간하는 것이 의미 있다고 생각했다.

19세기 후반 우리의 역사는 중국, 일본, 러시아와 같은 인접국가에 끌려다니기만 하고, 그들의 세력을 주체적으로 이용해 근대적 주권국가를 수립하는 데 실패했다. 원세개와 같은 기회주의적 인물에게 10여 년간 내정간섭을 받으며 국가적으로 크나큰 모욕과 수모를 당했다. 그 결과 대한제국은 우리 국토에서 청일전쟁이 일어나는 비극을 겪은 뒤 일본의 손아귀로 넘어가고 말았다.

그렇다면 그로부터 100년이 지난 지금, 우리의 상황은 과연 어떠한가? 지금의 정세는 또 한 번 외교적 선택이 국가의 흥망에 결정적인 역할을 할 수도 있는 세계사적 전환기에 이른 것이 아닌가 할 만큼 위기감이 든다. 변화의 핵심 고리 중 하나는 바로 한반도다. 우리의 미래는 다시 종속과 자멸의 길로 가느냐, 아니면 세계 문명의 질서에 적응해 번영하는 통일국가로 도약하느냐 하는 중대 기로에 서 있다. 수년 전부터 미국과 중국을 중심으로 한 세계 패권경쟁이 표면화되었으며, 현재 미중 간의 무역전쟁은 극한의 상황을 달리고 있다. 한반도에 대한 미국과 중국의 영향력 경합은 그야말로 치열하다. 미국, 중국, 러시아, 일본 같은 세계 4강에 둘러싸인 한반도는 세계에서도 드문 지정학적 위험 지역이 아닌가!

종신 임기를 획득한 중국의 시진핑(習近平)은 마오쩌둥(毛澤東) 시대의 전체주의로 역진하면서 '중국몽(中國夢)'이라는 구호 아래 중화제국의 부흥을 내세워 한반도를 남북에 걸쳐 전통적 세력권으로 확보하려는 공세를 표면화하기 시작했다. 사드 문제를 들고 나와 우리를 홀대하고 괴롭히고, 북한을 애 다루듯 어르고 구슬리면서 대미 출구전략으로 최대한 이용하고 있다. 한국의 건국과 경제 건설 과정에서 확고한 것으로 보이던 한미 동맹도 최근 들어 흔들리기 시작한 것으로 보인다. 미국과의 관계는 6·25 전쟁 이후 가장 불투명한 상황에 있다. 미국 우선을 내세우는 도널드 트럼프(Donald Trump) 시대에 또 국제적 고립을 초래하는 전철을 밟아서는 안 될 것이다. 게다가 일본은 우리에게 대규모 경제 전쟁을 선포하고 있다.

세계정세에 어두웠던 부패한 고종과 민비 정부는 임오군란과 갑신정변 시에 청나라를 불러들여 주체성 없는 외교적 선택을 했다. 더욱이 19세기 이래 쇠잔한 조선의 경제 상태는 미국 등 서양 선진국에게 동맹자 자격을 인정받지도 못했다. 20세기 초 러일전쟁에서 일본과 '가쓰라-태프트 조약'을 체결한 시어도어 루스벨트(Theodore Roosevelt) 대통령의 한반도 유기와 같은 악몽이 또다시 일어나지야 않겠지만, 빈약하고 어리석은 약소국이 직면했던 고립무원의 망국 사례는 오늘날에도 여전히 역사의 귀감이 되고 있다.

위정자들은 책임감 있게 장기적인 계획을 준비할 때이다. 그뿐 아니라 우리 국민 모두가 세계가 어떻게 돌아갈지 전망하며 국제사회에 대해 큰 그림을 그려보고 냉철히 대비할 수 있어야 한다.

1장

좌절한 조선의 근대와 중국의 간섭

원세개는 중국 최근세 역사상 매판적 반동 정치가로 잘 알려진 인물로, 우리나라에서도 추예(醜穢: 더럽고 지저분)한 행동으로 유명했다. 그에 대한 연구는 역사의 교훈을 되새기고자 하는 우리에게 현 시국과 맞물려 깊은 관심사가 되기에 충분하다.

1880년대 초 조선이 미국을 선두로 한 구미 열강에 나라를 개방하고 자강(自强)을 위한 개혁에 착수하는 초기 과정에서, 이홍장(李鴻章, 리훙장)을 비롯한 청의 지도부는 이를 지원한다는 구실로 조선을 속국화하고자 강력한 내정간섭 정책을 추진했다. 이홍장이 파견한 원세개는 정책 추진자로서 조선에서 발군의 실력을 발휘한 인물이다. 동아시아에서 중국과 일본 두 나라보다 20년 이상

이홍장 1896년 모습

원세개

이나 늦게 개항한 조선은 개방과 개혁의 시작부터 원세개 등 청국 세력에 정치·군사·경제적으로 속박되어 자주적 개혁의 기회를 상실했다. 당시 조선의 사대적인 군주와 양반 관료들이 무능하고 파당으로 분열되어 있기는 했지만, 애초부터 자주적 근대화의 기회를 가질 수조차 없었던 데는 원세개라는 인물이 있었기 때문이었다. 원세개라는 인물을 통해 당시 중국이 조선에 어떤 부정적인 영향을 끼쳤는지 살펴보는 것은 오늘날의 정세와 맞물려 새로운 의미를 시사할 것이다.

청일전쟁으로 이 땅에서 청이 물러난 뒤 대한제국은 러일전쟁에서 승리한 일본의 식민지가 되었다. 이 일제강점기의 경험으로 오늘날 많은 한국인들은 일본을 부정적으로 인식하고 있다. 그에 비해 일본이 조선을 식민지로 만들기 전, 청이 다스리던 중화제국이 조선에 미친 부정적 영향은 1세기 이상 망각된 상태이다. 그러나 1990년대 이후 세계 강대국 중 하나로 부상한 현대 중국은 제국의 꿈을 잊지 않고 있다. 원세개라는 인물은 이제껏 우리가 잊어왔던 중화제국을 다시 상기시키는 창구로서, 흥미로운 인물이라고 생각한다.

원세개는 "난세의 영웅", "괴걸 원세개"라 불릴 만큼 비상한 수완과 능력이 있었고, 권모술수에 능해 이해관계에 따라 쉽게 인간을 배반할 수 있는 성격의 소유자였다. 무술정변(戊戌政變)이나 신해혁명 때 동지와 민중을 저버리고 권력과 부귀를 얻는 데 몰두했던 것이 그 대표적인 예라 하겠다. 그가 그렇게 성장할 수 있었던 것은 자신의 천부적 역량도 작용했겠지만, 그가 자란 환경과 시대적 배경에 크게 힘입었다. 청조 몰락기에 생장한 그는 증국번(曾國藩, 쩡궈후안)·이홍장·좌종당(左宗棠, 쭤쭝탕) 등 한인 대관이 군사력을 바탕으로 그들의 권력을 부지하는 것을 보아왔고, 그의 조부와 부친 또한 군공으로 명성을 얻은 것이 그에게 큰 교훈이 되었다. 그런 까닭에 조선에서 임오·갑신 두 사변이 발생하자, 그는 이를 기화로 공적을 쌓으려 서둘렀을 뿐만 아니라 청국과 조선 양국 군대의 실권을 장악해 군사력을 배경으로 중국에 대한 조선의 종속 관계를 전에 없이 강화해 나갔다.

원세개는 57년 생애에서 젊음으로 가장 활기 넘치는 23세부터 35세까지 10여 년간(1882~1894)을 조선에 체류하면서 외교 능력을 한껏 키우고, 정치적 수완을 마음껏 발휘하면서, 장년기를 위한 확고한 기반을 다졌다.

청일전쟁 후에는 중국에서 신건육군(新建陸軍)을 창설해 북양 군벌의 총수가 되었고, 직예안찰사(直隸按察使)를 거쳐 1898년에 발생한 무술정변에서 배신에 대한 대가로 얻은 산동순무(山東巡撫) 자리를 발판으로 드디어 직예총독(直隸總督)의 자리에까지 올라갔다. 신해혁명(1911~1912) 때는 청 왕조와 남방 공화혁명군 사이에서 어부지리로 중화민국 대총통(大總統) 자리에 앉았고, 그 뒤 황제로 즉위했다. 그러나 얼마 지나지 않아 국민의 반대로 황제를 철회하고 울분 속에 1916년 급사했다. 그의 일생은 이렇듯 권모술수와 이중성으로 점철되어 있다. 신해혁명 당시 배반한 탓에 그는 "근대 중국의 첫 번째 국가 횡령자"라는 혹평을 듣기도 했다.

중국에서 원세개 시대의 역사는 암흑의 역사였다. 대부분의 학자들은 그를 "공화와 민주를 배반한 자, 이기적인 독재자"라든가, "제국주의를 대표하는 봉건적 잔재로서 나라를 훔친 '대도(大盜)'"로 칭한다. 특히 미국의 중국사 연구자 제롬 첸(Jerome Ch'en, 陳志讓)은 저서 『원세개(Yuan shih-k'ai)』[1]에서 중국의 급진적 공산혁명 이론가 진백달(陳伯達, 천바이다)의 말을 인용해 다음과 같이 평가한다.

> 원세개는 봉건주의와 매판 계급 및 황제 지지자들의 총아(寵兒)였다. 반식민지적이며 반봉건적인 근대 중국 사회에서의 정치 현상이며 암영(暗影)이었던 원세개는 평범한 관리가 아니었다. 진보와 민중에 반대해 싸운, 지주와 매판 계급을 대표하는 원세개는 뛰어난 지능과 책략이 있었다. 더욱이 원세개의 휘하에는 민중을 억압하는 특수 임무를 지닌 군대가 있었다. 그는 신설한 군대에 힘입어 중국과 외국 반동분자들의 지지를 얻어 근대 중국의 첫 횡령자가 되었다. 그는 "나는 국가다"라고 하며 자기 자신과 국가를 동일시했다. 원세개의 책략은 무엇인가? 그것은 바로 이중성이다.

이처럼 현대 중국 혁명의 적으로 지목된 원세개는 서구적 자유민주주의의 시각에서 보아도 중화제국의 부패한 관료제의 최후 모습을 대표하는 인물이 분명하다. 만청민국(晩淸民國) 초에 원세개의 위세가 정치무대를 풍미할 수 있었던 것은 그가 조선 주재 기간에 습득했을 능소능대한 수완에서 비롯된 것으로 보인다. 따라서 원세개라는 인물과 그 성격을 이해하기 위해서는 한국에 머물면서 그가 어떤 활동을 펼쳤는지 확인하는 작업이 선행되어야 한다. 더불어 이홍장의 조선 정책이 그를 통해 어떻게 구현되었는지 규명하는 것이 중요하다고 생각한다. 그러므로 조선에서 발생한 중대한 사건에 대한 청조의 대응 조치와 거기에 따른 원세개의 행동반경을 중점적으로 살펴보고자 한다.

첫째, 원세개가 조선에 온 동기와 세력을 확보할 수 있었던 경위, 둘째, 그러한 세력 기반을 이용해 어떻게 강력한 권력을 행사할 수 있었고, 이홍장과의 관계 즉 청의 대조선 정책이 그를 통해 어떻게 구현됐는가 하는 문제, 셋째, 조선에 대한 내정과 외교 간섭의 실상, 넷째, 서양의 불평등조약에 비해서도 횡포하기 그지없는 그의 대조선 경제 적극책인 청상 보호와 청의 상무 진흥을 위한 집념과 침탈 행위, 다섯째는 양무파(洋務派)의 일원으로 행한 전선·해관·차관·윤선에 대한 간섭이다.

원세개는 자신의 양부 원보경(袁保慶, 위안보우칭)[2]을 통해 오장경(吳長慶, 우창칭)을 알게 되었고, 또한 오장경을 통해 이홍장과 연계되는 기연(機緣)으로, 1882년 23세의 나이로 오장경을 따라 조선에 첫발을 디뎠다.

1882년 6월 조선에서 임오군란이 발생해 정정이 크게 소란해지자 일본이 먼저 거류민 보호를 구실로 출병했고, 청도 잇달아 대군을 파견해 조선에 진주시켰다.

이와 같이 원세개의 조선 체재 동기는 청국의 파병과 밀접히 연계되어 있고, 또한 청국의 대조선 정책과도 표리를 이룬다. 그는 청병의 일원으로 조선에 와서 반란군 토벌에 참가했으며, 그 후 계속 조선에 남아 청의 대조선 정책을 추진하며 주요 인물로 부상했다.

1880년대에 들어서면서 청은 전통적인 소극 정책에서 벗어나 정치적·경제적으로 조선 문제에 적극적으로 개입하기 시작했다. 임오군란과 갑신정변을 계기로 청국은 조선에서 일본 세력을 제압하고 정치적 우위를 확보했다. 그러나 조선을 둘러싼 국제정치의 세력 관계에서 다른 나라에 뒤처지기 시작한다. 이에 청국은 정치적 우위를 유지하기 위해 조선의 내정에 관여하고, 외교를 감시하면서 적극적인 경제 진출을 꾀했다. 그 첫 단계 작업이 1885년 11월 진수당(陳樹棠, 천수탕)을 조선에서 물러나게 하고, 원세개를 파견한 것이다. 청 조정은 원세개에게 '주차조선총리교섭통상사의(駐箚朝鮮總理交涉通商事宜)'라는 직함을 주고 또 그의 지위를 삼품함(三品銜)으로 상(賞)을 더해 도원(道員)으로 올려 부임시켰다. 당시 원세개는 26세라는 젊은 나이에 성격이 거칠었고, 공명심이 강했다. 이홍장은 그를 천거할 때 "담력과 지략이 있고, 상황 판단에 능하며, 조선의 사정에도 정통하다"고 칭찬했다고 한다. 그는 대원군을 호송해 서울에 도착한 후 고종을 알현하고 여러 의견을 나눈 뒤 「유언4조(喩言四條)」, 「시사급무10관(時事急務十款)」 등의 내정 개선책을 제안했다. 이는 조선의 정무를 간섭하기 위한 제언이었다. 그는 부임 직후 '제1차 한러밀약' 사건의 주모자 파울 게오르크 폰 묄렌도르프(Paul George von Mollendorff, 穆麟德)를 조선에서 떠나게 했고, 또 '제2차 한러밀약' 사건을 들춰내어 척신들의 인아거청(引俄拒淸: 러시아를 끌어들여 청에 항거) 운동을 분쇄해 버렸다. 나아가 조선국왕폐위론 주장, 외국 주재 공사의 조선 파견 방해 등 조선의 내정과 외교에 함부로 간섭하고 지나치게 횡포를 부려 다른 나라 외교관들의 강력한 항의를 받았지만, 아랑곳하지 않았다.

속칭 "원대인(袁大人)"이라 불린 원세개는 이홍장을 중심으로 한 청 조정의 적극적인 지원을 받아 '감국대신'처럼 행세하면서 조선과 청국의 종속관계를 유지·강화하는 데 큰 공훈을 세웠다. 원세개는 정치적으로 조선 내정에 적극적으로 간섭했음은 물론이고, 경제 면에서 청상의 보호와 통상 및 교역의 증대에도 공헌했다. 청 정부는 원세개를 통해 조선 무역에 종사하는 자국 상인을 지원하기 위해 양국의 해관 통합, 조선에 대한 차관 전담, 조선 전선부설권의 선점, 기선 운항 등을 강행했다. 이렇듯 원세개는 조선의 일을 청이 주관하게 만들고, 차관 문제에까지 간여함으로써 조선이 외세와 결탁하는 것을 방지했다.

원세개는 당시 조선 조정의 동태를 누구보다 빨리 파악하고 그 대책을 강구하는 데 전력을 다했기 때문에, 그가 재임한 10여 년 동안 조선은 청국의 굴레에서 벗어날 수 없었다. 그뿐만 아니라 그는 '속방' 체제에 방해가 된다고 생각하면 어떠한 것이든 간에 위협과 힐책으로 조선 조정에 군림했으므로 그는 "조선의 왕", 조선은 "원세개의 조정"이라 불릴 만큼 내정·외교·경제 등을 간섭했다. 다시 말해 그는 조선 경영을 실질적으로 책임지고 있던 실력자였다.

원세개의 처자식을 살펴보면, 57년의 일생 중 조선에서 보낸 10여 년이 얼마나 큰 비중을 차지하는지 익히 짐작할 수 있다. 원세개는 평생 10명의 아내를 두어 32명의 자녀를 낳았다. 그가 조

원세개와 자녀들
중앙에 원세개가 앉아 있다.

선에 머무는 동안 세 명의 조선 여인(白氏, 金氏, 李氏)과 결혼해 7남 8녀를 둔 것을 보아도 그의 일생에서 조선에서의 생활이 차지하는 비중을 확인할 수 있다.[3]

본래 원세개는 3년 임기의 조선 주차관으로 임명되어 조선에 왔으나, 이홍장의 강력한 지지로 두 차례 더 유임했다.[4] 이제, 원세개에 의해 중국의 조선 간섭이 얼마나 혹독하게 진행되었으며, 이로 인해 조선의 근대화가 어떻게 좌절되었는지를 살펴보겠다.

주

1) Jerome Ch'en, *Yuan shih-k'ai*(Stanford university Press, 1972), p.197.

2) 袁氏系譜(이 책 221쪽 원세개 가계도 참조).

3) 본부인은 하남성 출신의 우씨(于氏)로 장남 극정(克定)을 낳았으며, 둘째 부인 심씨(沈氏)는 강소성 기녀 출신으로 자식이 없었다. 셋째 부인은 조선 여인 백씨(白氏)로 슬하에 4남 2녀를 두었으며, 넷째 부인 김씨(金氏)는 조선의 양반 가문 출신으로 2남 3녀를 두었고, 다섯째 부인 계씨(季氏)는 조선의 여염집 여인으로 1남 3녀를 두었다. 원세개의 자녀는 17남 15녀로 모두 32명인데, 조선 여인에게서 7남 8녀를 본 것이다. 그중 둘째, 셋째, 넷째, 다섯째, 여섯째, 일곱째, 열째 아들이 조선 여인 소생이었다. 참고로 원세개의 여섯째 부인은 천진 여인 양씨(楊氏), 일곱째 부인은 강소성 출신 기녀 엽씨(葉氏), 여덟 번째 부인은 산동 출신 노비 소씨(邵氏), 아홉째 부인은 절강 출신 기녀 곽씨(郭氏), 열째 부인은 천진 출신의 유씨(劉氏)이다. 候宜杰, 『袁世凱全傳』(當代中國出版社, 1994), pp.520~529.

4) 원세개는 1885년 9월에 '주차조선총리교섭통상사의'로 임명되어 조선에 왔다. 그는 1891년 9월에 2차 임기를 마쳤고, 3차 임기는 1894년 9월까지였으나, 1894년 6월 청일전쟁이 발발하자 이홍장의 명을 받아 청으로 돌아갔다.

2장

임오군란 시 원세개의 활약

1. 국제 정세의 변화와 조선과 청의 관계

운요호

조선을 사이에 두고 청국과 일본 사이에 갈등이 표면화된 것은 1875년에 운요호(雲揚號) 사건이 일어나면서부터다.

조선에서는 고종이 즉위한 이래 대원군이 섭정해 쇄국정책을 고수하고 있었다. 유교사상에 배치되는 천주교의 전래를 두려워했고, 아편전쟁 이래 청국이 서양 제국에 굴복한 전철을 밟지 않으려 했던 것이다. 고종 즉위 초에 벌어진 병인·신미 두 차례 양요에서 프랑스와 미국은 조선과의 전투에서 패퇴했다. 그러나 두 번의 양요는 통상 요구를 위한 시위에 불과했고, 프랑스나 미국은 조선의 문호를 개방시킬 적극적인 의도가 없었다. 그러나 세계적 추세로 보아 조선은 쇄국을 끝까지 고집할 수 없었을 뿐 아니라 구미 각국이 장차 적극적인 행동으로 조선의 문호를 개방시킬 것이 틀림없었다. 이런 상황에도 조선은 병인양요와 신미양요를 치르면서 쇄국을 자신했고, 물밀듯 밀려드는 서세동점의 현실을 외면함으로써 고립무원의 궁지에 몰렸다.

그리고 청국도 아편전쟁 이래 자강책에 급급한 나머지 조선을 신경 쓸 겨를이 없었으며, 조선의 쇄국책에 대해 조금도 참견할 뜻이 없었다. 다만 사대사행(事大使行)의 내왕으로 조공·책봉·봉삭

신미양요 당시 전사한 조선군

등의 사대의절(事大儀節)을 다하는 데 만족하고 있었다.

한편, 인접한 일본은 장차 조선이 제3국에 의해 쇄국정책을 포기하고 개국하는 것이 피할 수 없는 사실인 것을 알고, 타국에 앞서 조선의 문호를 개방시킴으로써 조선 내에서 권익을 선점하고 세력 기반을 닦으려 기도했다. 일본은 메이지유신(明治維新) 이후 왕정을 복구하고 권력을 중앙에 집중시킨 다음, 구미 제국의 문물 제도를 모방해 국력을 배양하고, 서양 제국과의 통상을 통해 부강에 매진하고 있었다. 그리하여 일본은 도쿠가와 막부(德川幕府) 때부터 이어온 조선과의 교린 관계를 개선하고 근대적인 통상 관계를 맺고자 여러 차례에 걸쳐 조선에 통교를 요구했으나, 조선은 일본이 도쿠가와 시대와는 서계(書契)가 다를 뿐만 아니라 구미의 신법을 채택해 양이(洋夷)와 통정했다는 이유로 거절했다. 이에 일본 내에서는 강경파들이 정한론을 펴 조선을 응징하자는 여론이 비등했으므로 그들의 불만을 해소할 강경한 수단이 필요했다. 때마침 쇄국주의자인 대원군이 정권에서 물러나고 민씨 세력이 등장해 대외정책이 크게 변화했다. 이는 일본에 대조선 통상을 실현할 기회를 마련해 주었다.

1875년 8월, 일본은 운요호를 조선 연해에 파견하고 미국이 일본을 개국시켰던 것과 동일한 수법으로 조선을 제압해 개국시키려 했다. 그리하여 마침내 운요호에 탑승한 일본군은 조선군의 발포를 유도해 강화도 포대를 일시 점령하는 이른바 '운요호 사건'을 고의로 일으켰다. 운요호 사건은 일본이 갈망하던 것으로, 정돈(停頓) 상태이던 조·일 간의 통상교섭을 강력히 추진한 절호의 기회였으며, 아울러 조선 내에 일본 세력의 지반을 구축하는 중요한 단서가 되었다. 일본은 운요호 사건 이후 조선과 직접 교섭하지 않고 조·청 종속관계를 내세워 먼저 종주국인 청 정부에 책임을 묻고 청이 이를 회피하면 조선과 담판하려는 태도를 보였다. 그리하여 같은 해 12월 북경으로 파견된 모리 아리노리(森有禮) 공사는 총리아문의 공친왕(恭親王) 혁흔(奕訢) 등과 담판하면서 운요호 사건에 대한 종주국의 책임을 물었다. 그러나 공친왕은 일본의 진의를 간파하지 못하고 단지 청·일 양국의 통상조약에 명시된 양국의 "소속방토(所屬邦土)"를 인용하며 "속방인 조선을 침점(侵占)하지

공친왕 혁흔

않는 한, 일본의 조선과의 수호 관계는 청국이 그것을 인정하고 간섭하지 않는다"[1]고 했다. 그리고 조선은 비록 청국의 속방이기는 하나 여태껏 정교(政教)와 금령(禁令)은 조선이 스스로 주관하고 중국이 전혀 간섭하지 않았기 때문에 일본이 통상 문제로 조선과 담판하는 일은 하등의 구애를 받지 않는 것이라 답변했다.[2]

모리 공사는 운요호 사건에 대해 종주국의 책임을 묻는 형식을 빌려 종속관계에 대한 청의 태도를 규찰하려고 했다. 그런데 공친왕은 속방이라고는 했지만, 조선이 대내적·대외적으로 주권을 행사하고 있음을 결과적으로 인정하는 발언을 함으로써, 조선이 공법상의 독립국임을 시인하는 중대한 모순을 드러낸 것이다. 공친왕이나 직예총독 이홍장은 아편전쟁과 태평천국운동(太平天國運動)으로 말미암아 정치적으로 치명상을 입고 양무운동(洋務運動)을 벌이며 바야흐로 국력을 충실히 하는 데 전념하고 있는 때였으므로, 조선 문제로 일본과 불화해 전쟁이 발발하는 것을 원하지 않았다. 그 때문에 운요호 사건에 대해 직접적인 개입을 피하고 조선 측이 일본에 화친을 구해 원만히 타결 짓기를 희망했을 뿐이다.[3]

공친왕의 중대 실책으로 말미암아 이후 청국은 조선 문제에 대해 고심했고, 조선에 대한 '주도권'을 일본에 빼앗기고 말았다. 즉 모리 공사는 조선이 정교과 금령을 주관하고 있다는 것은 곧 독립국임을 증명한다고 하면서, 이후 조선과 일본 양국 사이의 범사(凡事)는 청국과 일본 양국 간의 문제와 관계가 없다고 선언했다.[4] 그리하여 일본은 청이 조선 문제에 간섭할 구실을 봉쇄한 다음, 1876년 초에 강제로 '강화도조약(병자수호조약)'을 체결했고, 이 조약 제1조

강화도조약 체결 장면

에 "조선은 자주독립국"이라 규정했던 것이다. 이로써 일본은 청국의 간섭을 배제하고 조선과 독자적으로 외교 문제를 교섭할 근거를 마련했다. 그리고 실제로 개항 교섭이나 통상 문제를 협상하는 데 청국이 간섭할 기회를 주지 않고 교섭을 직접 타결해 갔다.

청 조정에도 일본의 조선 진출을 우려하는 사람이 없지 않았으나, 이홍장 일파는 오히려 일본이 조선과 제휴해 남하를 노리는 러시아의 예봉을 막아줄 것으로 낙관했다.[5] 그런데 1879년, 일본이 류큐국(琉球國)을 폐하고 나가사키현(沖繩縣)에 소속시켜 침략성을 드러내자[6] 청국의 대일 감정은 격변했고, 종래의 미온적 태도에서 벗어나 조선 정책을 적극적으로 펼쳐 조선 문제에 간섭하려는 움직임을 보였다. 일본의 류큐 병탄은 장차 조선 침점을 시사하는 것이며, 더 나아가 청의 동삼성(東三省)에도 직접적인 위험이 닥치리라 예상했기 때문이다. 청은 자국의 안위와 직결되는 일본의 침략성에 대비하기 위해 조선 문제에 적극 간섭함으로써 현상을 유지할 수 있다고 본 것이다.

한편 청은 같은 해에 서북 변강의 신강(新疆) 북부 이리(伊犁) 지역을 점거하고 있던 러시아와 이리 환부 교섭을 진행했다. 이 과정에서 청국과 러시아 사이에 전쟁 위기가 조성되고 있었으므로 만주와 조선에 대한 러시아의 남하 가능성도 제기되었다. 국제적 긴장 속에 조선 개항 이후 조선에 대한 일본의 위협을 서구 열강을 이용해 견제할 필요성이 제기되었다. 전 복건순무(前福建巡撫) 정일창(丁日昌, 딩리창)은 조선과 서양 각국 간의 조약 체결을 청이 권도해야 한다고 제안했고, 총리아문과 이홍장이 이를 채택했다.[7)]

그리하여 이홍장은 조선이 쇄국책을 버리고 부강을 도모하게 할 방책으로 서양 제국과의 수호통상을 권도했다. 이는 조선이 자력으로 일본과 러시아의 진출을 저지할 힘이 없다는 판단에 따른 것이었다.[8)] 마침 조선에서도 일본과 러시아 양 세력의 현저한 진출에 자극을 받아 자강 문제가 대두했으며, 1880년 후반기에 이르러서는 서양과의 통상 논의가 크게 진전되었다. 그리하여 1881년 겨울에는 영선사(領選使) 김윤식(金允植) 편에 서양 통상에 관한 것을 청국 측 이홍장과 상의하도록 했다.[9)] 이 같은 일련의 운동이 주효해 1882년 4월 '조미수호통상조약(朝美修好通商條約)'을 체결했고 이어서 '조영통상조약', '조독통상조약'을 체결했다.

메이지 초기 일본의 개방과는 차원이 다른, 서구 문명 자체에 대한 직접적 접촉이라는 점에서 1882년 4월 미국과 맺은 수교를 비롯해 조선이 서유럽 열강과 맺은 수교는 국제적 개방으로서의 의미가 심대하다. 소미 수교에 청국이 직접 개입한 것은 이리를 둘러싼 러시아와의 분쟁으로 동아시아 정세의 긴장이 더욱 심화된

김홍집

것이 계기가 되었다. 러시아의 남하를 경계하는 중국과 일본 정계의 긴장 상황은 1880년 5월 일본을 방문한 김홍집(金弘集) 등 제2차 수신사(修信使) 일행을 상대로 청국의 일본 주재 공사관에서 펼친 외교적 공작에 잘 반영되어 있다. 청국 주일대표부의 공사 하여장(何如璋, 허루장)은 조선을 위협하는 러시아에 대한 대책을 이홍장에게 보고했다. 또한 8월에 참찬관(參贊官) 황준헌(黃遵憲, 황쭌셴)이 저술한 『조선책략(朝鮮策略)』이 김홍집을 통해 조선에 전해져 조선 정부와 재야 공론에 큰 소란을 일으켰다. 그 책략은 조선이 청국의 속방으로 청의 양무자강을 본받으면서 "중국과 친밀하고 일본과 결속하며 미국과 연결해" 러시아를 막는다는 것이었다.

이 시기 천진(天津)에 머물던 이홍장은 조선 개항을 위해 미국의 로버트 슈펠트(Robert W. Shufeldt) 제독과 외교적 접촉을 시작했다.[10] 서양과 조선의 수교에 대해 초기에는 비교적 소극적 권유에 머물렀던 청국의 이홍장이 막료 마건충(馬建忠, 마젠중)을 보내 조미 수교 과정에 직접 개입한 것은 청국의 대조선 정책의 변화를 보여준다. 조선에 대한 청국의 간섭 정책은 조미 수교에 직접 개입하는 동시에 구미에 대한 조선의 개항에 대응해 마련한 '조청상민수륙장정(朝淸商民水陸貿易章程)'으로 정점에 올랐다. 이 장정은

1882년 6월에 일어난 임오군란을 계기로 내정간섭에 나선 청국이 군사를 보내 조선에 진주한 후 8월에 체결되었는데, 이는 조선이 근대적 조약 질서 아래에서도 중국의 속국으로 규정되고 구미와의 불평등조약에 비할 수 없는 많은 이권을 양보한 약정이었다.[11)]

이상과 같이 청국이 조선 문제에 주의를 집중하고 외교 방향을 전환하는 등 적극책을 취한 동기는 동아사아에서 일본이 크게 부상한 데 있었다. 그러나 임오군란 발발 전까지는 일본에 선수를 빼앗기고 추종하는 형세를 면하지 못했다. 일본은 '강화도조약'을 체결한 이래 조선에 진출해 개항구에서의 통상을 독점했을 뿐만 아니라 장차 세력을 확대하기 위한 기초를 마련해 갔다. 이 때문에 청은 크게 부심했으며, 조선에서 일본 세력을 몰아내는 것이 선결 과제라고 생각했다. 이러한 때에 임오군란이 발생했으므로 청국은 이를 놓쳐선 안 될 기회로 여겨 군대를 파견해 종주권을 만회하기에 이르렀다.

2. 임오군란 시 원세개의 조선 입국과 활약

1882년 6월, 조선에서 임오군란이 발생하자 청국은 구원병을 파견하기로 결정했고,[12)] 이에 따라 수사제독(水師提督) 오장경은 육병 3000여 명을 통솔하고 경기도 남양만에 도착했다. 이때 원세개는 오장경의 막하로 조선 땅을 밟았으며, 이로써 그는 조선과 처음으로 인연을 맺었다.[13)] 원세개가 처음 조선에 왔을 때는 나이가 23세에 불과한 이름 없는 청년 무관이었으나, 그 후 민비의 정적 대원군을 청으로 납치해 연금하고 반군을 진압하는 데 참가했으며, 조선에 신식 군대를 창설·훈련하고, 갑신정변 시에는 고종을 보호하는 등 큰 공을 세워 정치 무대에서 두각을 나타냈다. 그가 두각을 나타낸 데는 물론 그 자신의 역량이 작용했지만, 그의 배후에 북양해군의 총수 이홍장이 있었다는 사실도 간과할 수 없다. 그는 양부 원보경을 통해 제독(提督) 오장경의 후원으로 이홍장의 비호를 받게 된 것이다. 그렇다면 그를 배후에서 후원한 원보경, 오장경, 이홍장 등은 어떤 관계이며 그들의 힘이 원세개에게 어떤 영향을 미쳤는지 살펴보겠다.

원세개는 원보중(袁保中, 위안바오중)의 넷째 아들로 하남성 항성현에서 출생했으나, 그의 숙부인 원보경이 자식이 없어 양자로 입양되어 원보경을 통해 오장경과 인연을 맺었다.[14)]

원세개의 집안은 대관료 가문으로, 그의 조부 원수삼(袁樹三, 위안수싼)의 아우 원갑삼(袁甲三, 위안자싼)의 활약으로 기초가 다져졌다. 도찰원 어사 출신 원갑삼은 1853년부터 1863년까지 이어진 태평천국 동란 당시 회수 유역인 강소성 북부, 안휘성 등 지역에서 염군과 태평군의 전쟁에 참여해, 남방의 상군과 협력 관계에 있었다. 또한 그 아들 원보항(袁保恒, 위안바오헝)은 한림원 편수 출신으로 부친의 막하에서 염군과의 전투에 종사하고 태평국 멸망 이후 이홍장의 염군 진압과 좌종당의 섬서성 및 감숙성 회민 반란 진압에 종사했다. 관직은 호부시랑과 이부시랑을 거쳐 형부시랑에 이르렀다. 원세개의 종숙(從叔)인 원보령(袁保齡, 위안바오링)은 이홍장

의 막료로 여순(旅順) 군항 수축에 종사한 인물이다.[15]

또한 오장경은 그의 아버지 오정향(吳廷香, 우팅샹)이 태평천국군에 피살되자 아버지를 이어 향단(鄕團)을 영솔했다. 이를 계기로 이홍장이 1861년 회군(淮軍)을 창설할 때 그의 막료 장수로서 경자영(慶子營)을 맡아 이홍장과 인연을 맺었다. 그 후 20여 년간 이홍장 휘하에 종군하며 태평군과 염비 소탕에 공을 세웠다. 그리하여 1880년에는 절강제독을 거쳐 광동수사제독으로 승진했으며, 아울러 방판산동군무(幫辦山東軍務)의 직함을 띠고 산동성 등주(登州)에 주둔하고 있다가 임오군란 때 조선에 출정한 것이다.[16]

이상에서 본 바와 같이 원세개는 그의 양부 원보경을 통해 오장경을 알게 되고, 그를 통해 북양대신 이홍장과 연계되는 기연을 만든 것이다. 그리고 종숙 원보령이 또한 2품 관찰직에 있어 직예성 관하에서 장수성(張樹聲)·주복(周馥, 저우푸) 등과 밀접한 관계였다.[17] 따라서 원보령 또한 원세개의 힘이 되었다는 점도 간과할 수 없다.

문필에 재능이 없어 과거를 포기하고 일찍이 군문에 들어간 원세개는 처음 조선에 왔을 때 직책이 비록 행군사마(行軍司馬)라는 미관이었으나, 이처럼 배후에는 진사 출신으로 한림원 형부시랑에 오른 삼촌 원보항과, 이홍장의 막료로 여순 군항 수축에 종사한 종숙 원보령이 있었다. 원세개는 일족의 후원과 북양해군의 뒷받침으로 오장경과 함께 조선에 올 수 있었던 것이다. 그에게 조선이라는 무대는 자신의 기량을 시험하고 앞날을 위한 기초를 굳힐 절호의 장소였다.

청국의 출병이 결정되자 오장경이 거느린 경자영은 등주에서 준비를 갖춘 후, 7월 4일 위원호(威遠號)·진동호(鎭東號)·일신호(日新號) 등 세 척의 군함에 나누어 타고 등주를 출발해 7월 8일 남양만에 도착했다. 청국군은 서해안의 남양만 마산포(현 송산면 고포리)에 상륙한 뒤 민가를 침입해 노략질하거나 부녀자를 간음하는 등 촌가에서 막심한 폐단을 일으켜 민심을 크게 어지럽혔다.[18]

오장경의 경자영군은 오랫동안 전투 경험이 없어 군율이 문란하고 기강이 해이했기 때문에 대책을 강구해야 할 정도로 심각한 지경이었다. 이에 오장경은 원세개를 불러 군율 정비에 관해 상의했다. 이름 없는 무관 원세개는 상관의 눈에 들어 경쟁자가 많은 군대 내에서 두각을 나타내기 위해서는 비상수단을 강구하는 것이 현책이라 생각했다. 왜냐하면 오장경이 다른 막료를 제쳐놓고 원세개만 불러 상의했으므로 오장경의 막하에서 오랫동안 군무에 종사하며 오장경과 친분 관계가 두터웠던 다른 부장들이 원세개를 시기해 헐뜯고 방해하는 일이 잦았기 때문이다. 그리하여 수일이 지난 뒤 원세개는 오장경에게 청하여, 병졸들이 민간의 집물을 약탈해 쓰다 버리는 데 대해 "병가(兵家)의 기율이 이처럼 문란해 번속국에까지 나라 체면을 손상시키고 있으니 속단을 내려 치죄하지 않으면 안 된다"고 하며 통솔의 허점을 지적했다. 이에 오장경이 크게 놀라 "너에게 군율 정제(整濟)를 위임한 다음 타인의 참방(讒謗)을 들으면 오씨(吳氏)의 자손이 아니다"라고 약속함으로써 군대 기율을 바로잡는 일을 원세개에게 일임했다.[19]

원세개는 오장경의 다짐을 받고 이내 각 영에 전령을 내려 민가에 출입하는 자나 대오를 이탈하는 자는 참수한다고 엄명했고 마침 범법자가 있어 여러 명을 참수함으로써 병졸들의 기강은 어느 정도 바로잡혔다. 그러나 부장들은 원세개의 명령에 복종하지 않았으므로 부장 중 태만한 자 몇 명을 골라 본국에 회송시키니 비로소 장졸들이 모두 두려워하며 복종했다.[20] 이로부터 원세개의 명성이 차차 드러나기 시작했다.

청국 측은 임오군란 발생의 이면에 대원군 일파의 정권 장악이 있다고 판단해, 군란 책임자인 대원군을 제거함으로써 사태를 수습할 수 있다고 보아 대원군을 구수(拘囚)하는 비밀 계획을 추진하고 있었다.[21] 그러나 청국이 많은 군사를 파견한 것은 일본의 감정을 악화할 중요한 요인이며 일본 측이 청국의 거중 조정을 원하지 않았기 때문에, 마건충은 청·일 양국의 충돌을 가급적 피하고 군란을 원만하게 평정하려고 시도했다. 한편 군란을 수습하고자 조선에 온 일본공사 하나부사 요시모토(花房義質)는 조선 정부에 7개조의 요구 조건을 내걸고 협상을 제기했으나, 진척 없이 결렬 상태에 있었다. 따라서 대원군 구수 계획이 좀 더 구체화되었다. 그렇게 해야 조선과 일본 간의 협상이 타개되리라고 믿었기 때문이다.[22]

오장경

정여창

7월 12일 오장경과 정여창(丁汝昌, 딩루창)은 오조유(吳兆有, 우자오유)·황사림(黃仕林, 황스린)·원세개 등의 막료를 거느리고 남양에서 수원을 거쳐 한성 숭례문 밖에 진주한 다음, 대원군 구수 계획을 신속히 진행했다. 다음 날인 7월 13일 오장경·정여창·마건충은 호위병만 데리고 간소하게 대원군을 예방했다. 그 자리에서 마건충이 필담을 통해 군무로 상의할 일이 있다며 대원군에게 황사림 진영까지 왕림할 것을 청해 대원군의 약속을 받아냈다. 오장경은 기명제독총병(記名提督總兵) 황사림의 영내에, 정여창·마건충은 남별궁에 머물면서 각각 필요한 군대 배치를 명했다. 먼저 수사습류군(水師習流軍) 40명을 수원에 분파해 다음 명령을 기다리라 하고 또 경자정영부장(慶字正營副將) 하승오(何乘鰲, 허청아오)에게 명해 왕궁을 보호하게 했다. 또한 장광전(張光前, 장광첸) 군영의 군사 100명을 분파해 남대문을 지키게 하고 아울러 남별궁과의 연락을 맡게 했으며 나머지는 성내의 경비를 맡게 했다. 부서를 정한 다음 정여창·마건충 두 사람은 황사림 진영으로 가서 오장경과 서로 만났다.[23]

같은 날 오후 4시경에 대원군은 이용숙(李容肅), 이조연(李祖淵) 이하 몇 명을 대동하고 황사림의 병영을 방문했다. 마건충은 대원군을 막사 안으로 맞이해 필담을 시작했는데 해가 질 때까지 계속되었다. 이러는 동안에 오장경은 전령을 내려 대원군의 수행원을 모두 막사 밖으로 꾀어내 구류하고, 막사 안에 오장경·정여창·마건충과 대원군만이 남게 되자 마건충은 대원군에게 말했다.

"군(君)은 6월 9일의 사변이 일어나자 대권을 함부로 훔쳐 이류(異類)를 죽이고 황제의 책봉을 받은 국왕을 몰아냈으니 황제를 경시한 죄는 용서받을 수 없다. 국왕의 사친(私親)이므로 관용을 베푸는 바이니 빨리 수레에 올라 마산포(馬山浦)를 거쳐 천진으로 가서 조정(朝廷)의 처치를 기다리라."

대원군은 어이가 없어 오장경을 향해 되물었다.

"장군은 꿈속에서 유희(遊戲)를 하는 게 아니냐?"[24]

오장경은 한동안 머뭇거리면서 결단을 내리지 못했다. 이에 곁에 있던 원세개가 지체하면 변이 일어난다고 하면서 마건충을 도와 준비해 두었던 보교(步轎)에 대원군을 억지로 태웠다. 청병의 감시 아래 마산포를 달리게 하고 군함 등영주(登瀛洲)에 옮겨 태워 천진으로 호송했다.[25] 대원군 구수 후 예상치 않게 한성을 평정했지만, 대원군의 아들 이재면(李載冕)이 훈련대장으로 병권을 쥐고 있었으므로 후환을 염려해 그 또한 청군 진영으로 꾀어 들여 구금해 버렸다.

이제 청병의 최후 임무는 난당을 소탕해 체포하는 것이었다. 병란에 참가한 오영(五營) 군졸은 이태원과 왕십리 두 지역에 세습적으로 거주하고 있었으나, 수종(首從)의 구별이 없고 또 체포할 수단이 없어 조선 군관들은 감히 그들의 깊은 소굴에 들어갈 용기를 내지 못했다. 상황이 이러하자 고종은 특히 청국군에 대신 소탕해 주기를 간청해 무고한 인민이 피살되는 참상을 빚었다.[26] 이로써 고종의 무력함이 청국군에 알려졌고, 이후 청국군의 발호와 횡포를 야기하는 하나의 원인이 되기도 했다.

그리하여 7월 15일 경군(慶軍) 회판영무처(會辦營務處) 원세개는 마건충을 방문해 난당 초포(剿浦)에 관해 밀담하고, 오장경에게 내밀한 약속을 얻어 군사지휘권 일체를 도맡았다. 원세개는 마건충과 협의해 여러 장수의 부서를 정했는데, 경자친병 우영총병(慶字親兵 右營總兵) 오조유, 후영부장(後營副將) 장광전, 정영부장(正營副將) 하승오 등은 원세개와 함께 군대를 이끌고 동소문으로 가서 왕십리를 직접 수색하도록 했고, 이태원 쪽은 오장경이 지휘했다.[27] 이리하여 7월 15일 밤부터 청군이 왕십리·이태원을 습격해 16일 새벽까지 포위망을 풀지 않고 소탕 작전을 계속했다. 이 과정에서 청군은 말이 통하지 않아 진위를 가릴 수 없자 총을 난사하며 무조건 체포했는데, 특히 원세개가 지휘했던 왕십리에서 그 참상이 심했다. 즉 왕십리에서는 150여 명을 체포한 데 비해 오장경이 맡았던 이태원에서는 20여 명을 체포한 것을 보더라도 원세개가 얼마나 공을 세우려고 서둘렀는지 알 수 있다. 170여 명으로 알려진 사상자는 공식적인 숫자에 불과하며, 현장에서의 사상자는 그보다 많았으리라 짐작된다. 이태원·왕십리 두 촌이 아수라장이 되었음은 말할 것도 없다.[28]

체포된 이들은 요패(腰牌) 유무를 가려 훈련도감의 군졸 정완린(鄭完鄰) 등 11명은 참형에 처하고 나머지는 방면했다. 그러나 일본 측은 처형된 군졸은 뇌동한 무리이고 난의 수모자가 아니라 고 하며, 김장손(金長孫)·유만춘(柳萬春)의 체포를 요구했다. 조선 정부는 추후 포도청에 명해 이들을 체포하도록 했다.[29]

이상에서 본 바와 같이, 청국은 조선의 임오군란을 계기로 전격적으로 출병을 단행함과 동시에 보수파의 영수 격인 대원군을 납치해 군란을 평정했고, 아울러 오장경이 영솔한 3000여 명의 청병이 계속 한성에 주차해 조선을 보호·감시함으로써 숙원이던 청의 종주권을 되찾고, 조선을 청의 굴레에 얽매이게 하는 데 성공했다. 비록 청국의 출병으로 조선의 정정(政情)은 소강상태가 되었으나 외세인 청과 일본이 반목·대치해 조선 조정에 미치는 영향이 컸다. 조선에서는 청국과 일본을 추종하는 무리들의 대립이 나날이 격화되었다.

그리고 또 하나 중요한 점은 원세개라는 무명의 무관이 난국의 소용돌이에서 자신을 키워, 마침내 국제적으로도 두각을 나타내는 인물로 성장했다는 사실이다. 원세개가 임오군란의 평정 과정에서 서서히 부상한 것은 천부적인 기민성과 임기응변의 지모로 여러 사람의 관심을 모았기 때문이다. 이에 더해 배후에서 주한청군총사령관 오장경 같은 인물의 강력한 두호(斗護)가 그의 성장을 촉진했다. 오장경이 여러 부장 중 유독 원세개를 두둔하고 비호한 까닭이 원세개의 양부와의 특별한 친분 관계에 의한 것임은 앞서 밝힌 바 있다. 청군이 난당을 소탕·평정한 다음 군공을 보상받을 때도 지위가 낮은 원세개가 제독 황사림, 제독 주광민(朱光民), 총병 복정향(卜廷香, 부팅샹), 참장 장광전, 부장 유조귀(劉朝貴, 류차오구이)와 같이 상을 받았으며, 이어 중서사인(中書舍人)으로 승급되었다.[30] 또한 청군의 군사 문제를 원세개가 관장하게 하고, 장건(張謇, 장젠)이 행정을 맡게 한 것도 모두 오장경의 배려에 의한 것이다.[31]

임오군란 후 조선의 치안은 청군에 의해 유지되고 있었으나,

구식 군대(위)와 별기군(아래)

난의 재발을 방지하기 위해서는 조선 군대의 창설이 시급했다. 조선 군대는 임오군란을 겪으며 구식 군대와 신식 군대가 모두 해산되어 군이 없는 상태였다. 그리하여 고종은 비상사태에 대비할 친위군의 필요를 절감하고 청장 오장경에게 이 뜻을 전했다. 오장경은 종전부터 이 문제에 착안하고 있던 원세개에게 친위군 창설을 일임했고, 원세개는 상리(上里)·하리(下里) 두 동리에서 각각 500명의 장정을 선발해 도합 1000명을 3군부에 모아 훈련시켰

다. 이를 '신건친군영(新建親軍營)'이라 칭하며 청군 장교에게 교습을 맡겼다.[32)]

원세개는 좌영은 이조연(李祖淵)에게, 우영은 윤태준(尹泰竣)에게 '감독(監督)'의 직함을 주어 훈련하도록 했는데, 이들은 청과 왕래가 잦았고 원세개와도 교분이 두터운 심복이나 다름없는 인물이었다.[33)]

또한 원세개는 별기군(別技軍)을 다시 개편해 전영(前營)·후영(後營)을 증설하고 '감독'을 '영사(營使)'로 개칭했으며, 한규직(韓圭稷)을 친군전영사로, 이조연을 좌영사로, 민영익(閔泳翊)을 우영사로, 윤태준을 후영사로 각각 임명함으로써 청의 병제를 모방한 신식 군대 4군영을 창설했다. 이로써 원세개는 조선 신식 군대의 총수로 군림했고, 1년 후인 1883년 11월에는 병사의 수가 2000명에 달했다.[34)] 이후 조선에서 원세개의 세력은 더욱 확대되었다.

대내외적으로 많은 영향을 끼친 획기적 사건 임오군란을 통해 일본은 경제 침투를 한층 더 본격화했고, 청은 종주권을 강화할 절호의 기회를 마련했다.

주

1) 『淸光緖朝中日交涉史料』卷1(2)(台北: 文海出版社, 1963)(이하 『中日交涉史料』), 總理各國事務衙門奏與日本使臣往來照會等件擬咨送禮部轉行朝鮮摺(光緖 2年 1月 30日): "…… 竝據中國與日本訂換修好條規所稱 兩國所屬邦土不相侵越之言 告以不但兵不必用 卽遣使往問一節 亦須籌劃萬全".

2) 『中日交涉史料』卷1(1), 總理各國事務衙門奏日本欲與朝鮮修好摺(光緖 元年 12月 21日): "朝鮮雖隷中國藩服 其本處一切政敎禁令 向由該國自行專主 中國從不與聞 今日本國欲與朝鮮修好 亦當由朝鮮自行主持"; 『中日交涉史料』卷1(1), 附件三 覆日本國節略: "朝鮮自有國以來 斤斤自守 我中國任其自理 不令華人到彼交涉 亦信其志在守分 故無勉强 卽以理揆之 朝鮮必非獨與貴國有所芥蒂今因前事 貴國欲遣使前往爲兩國得保親好 …… 中國之於朝鮮 固不强預其政事 不能不切望其安全".

3) 『李文忠公全集譯署函稿』卷4, 論日本派使入朝鮮(光緖 元年 12月 23日)에서 이홍장은 "日本派使臣帶兵船前往問罪 …… 兩相怨怒 則兵端易開 度朝鮮貧弱 其勢不足以敵日本 將來該國或援前明故事 求救大邦 我將何以應之 …… 窃窺日本來意 旣明言欲求和 而不輕用武 無論虛實 尙是好機會 正可將計就計 雖明拒以未便給照遞信 似宜由鈞署迅速設法 密致朝鮮政府一書 勸其忍耐小忿 以禮接待"라고 했다.

4) 『中日交涉史料』 卷1(2), 總理各國事務衙門奏 與日本使臣往來照會等件擬咨送禮部轉行朝鮮摺(光緖 2年 1月 30日), 附件一 覆日本國照會: "由是觀之 朝鮮是一獨立之國 而貴國謂之屬國者 徒空名耳".

5) 『李文忠公全集譯署函稿』卷6, 論日本邦交(光緖 2年 9月 27日).

6) 류큐는 명 초 이래 중국에 조공해 왔다. 그 후 명 만력 연간(1573~1620)에 도요토미 히데요시(豊臣秀吉)가 침략해 번속국(藩屬國)으로 삼음으로써

류큐는 중국과 일본이라는 두 개의 종주국을 두게 되었다. 이후 메이지유신에 이르러 번봉(藩封)해 중국에 입공(入貢)하는 것을 금지하고 메이지 연호를 쓰게 했으며 1879년에 번봉을 폐하고 현(縣)을 설치했다. 같은 해 5월 류큐 자건관(紫巾官) 하덕굉(何德宏, 허더훙)이 천진에 와서 이홍장에게 청원했다. 이홍장은 이 류큐 문제로 일본 측에 여러 차례 항의했으나 일본은 추호도 양보하지 않고 끝내 병탄하고 말았다.

7) 권석봉, 『청말 대조선정책사 연구』(일조각, 1992), 89~92쪽.

8) 『李文忠公全集奏稿』 卷34, 密勸朝鮮通商西國摺(光緒 5年 7月 14日); 『李文忠公全集譯署函稿』 卷9, 論勸導朝鮮通商(光緒 5年 7月 12日), 『淸季外交史料』 卷16, 直督李鴻章奏遵旨函勸朝鮮與各國約通商摺(光緒 5年 7月 16日) 및 同 附件 李鴻章覆李裕元書 등; 권석봉, 「이홍장의 대조선열국립약권도책(對朝鮮列國立約勸導策)에 대하여」, ≪역사학보≫, 21집(1963).

9) 『李文忠公全集奏稿』 卷42, 密議朝鮮外交摺(光緒 7年 12月 2日), 同 附件 朝鮮陪臣金允植投遞密書.

10) 권석봉, 『청말 대조선정책사 연구』(일조각, 1992), 105~106, 119~128쪽.

11) 김종원, 『근세 동아시아관계사 연구』(혜안, 1999), 295~315, 335~344쪽.

12) 청의 출병 동기에 관해서는 김종원, 「청의 대조선 적극책의 기록: 임오사변시의 파병문제를 중심으로」, 『이해남박사화갑기념사학논총』(일조각, 1970).

13) 金允植, 『陰晴史』 下卷(韓國史料叢書 第6), 高宗 19年 壬午 7月 8日條: "早下陸 往大陳 見吳帥(長慶) …… 吳筱帥幕府諸人 袁慰廷 卽世凱河南人 ……".

14) 沈祖憲 外, 『容菴弟子記』, 吳相湘 主編, 『建立民國』('中國現代史料叢書' 第1輯)(台北: 文星書店, 1962), pp.1~7. 이 책은 원세개의 추종자들이 편집한 것이기 때문에 원세개의 업적을 과찬했다는 한계가 있으나, 여타의 근본 사료와 대조해 본 결과 상당히 사실에 가까워 신빙성이 있다는 사실을 부기해 둔다. 원세개는 양아버지 원보경이 부임할 때마다 따라다니면서 양부의 충고를 듣지 않고 병서를 읽고 승마, 궁술을 익히는 데 열중했다. 양

부가 죽자(1873) 양아버지의 사촌 원보령을 따라 북경에 갔고 거기에서 과거 준비를 했으나 두 번 낙방하고 음주, 승마에 빠져 지냈다. 원보경은 작은아버지 원갑삼(흠차대신과 안휘조운총독을 지냈다)을 도와 염비(捻匪)를 소탕하던 중 오장경의 아버지 오정향이 태평군에 포위되어 위험한 지경에 이르자 원군을 파견한 일이 있었다. 이를 계기로 원보경과 오장경이 형제지의(兄弟之誼)를 나누며 가까이 지냈다. 과거에 낙방해 실의에 빠졌던 원세개가 양아버지의 절친한 친구 오장경을 찾아 산동성 등주(登州)에 감으로써(1880) 오장경과 인연을 맺었다.

15) Arther W. Hummel(ed.), *Eminent Chinese of Ch'ing Period*, Vol.2(1944), pp.949~950; 『清史稿』(台北: 新文豊出版社, 1981), pp.1345~1346 참고.

16) 『清史稿』 卷203, 「吳長慶列傳」, 蕭一山, 『清代通史』(台北: 商務印書館, 1962), p.113.

17) 『陰晴史』 下卷, 高宗 19年 6月 27日條.

18) 『陰晴史』 下卷, 高宗 7月 8日條: "聞淸兵下陸 散入村家作弊 民心大擾 或有來訴者言于大帥幕賓張季直(張季直卽謇 江蘇通州人)査拿割耳".

19) 『容菴弟子記』, p.9: "公(袁世凱)入帳 請吳公(吳長慶)出外 仰觀山 披遺物堆集 吳公問何物 公曰 兵丁掠民間什物 其粗劣者委棄於道也 又曰 王師戡亂紀律苦斯 遺笑藩封 玷辱國體 帥其勉旃 我請從此辭矣 吳公大驚變色 誓曰 請汝放手爲我約束 有聽讒謗者 非吳氏之子孫".

20) 『容菴弟子記』, pp.9~10, "公乃傳令各營 有入民居及雜伍者斬 適有犯令者立斬數人 傳示有韓紳控姦狀其婦者 …… 乃擇官弁中約束尤疏者 撤辦 數人 將士懾服 不敢犯秋毫"이라 한 것과 金允植, 『陰晴史』, 壬午 7月 8日條: "距馬山十里 而近作弊兵丁 往往隨聞誅之"라 한 것은 이런 사실을 뒷받침한다.

21) 김종원, 『근세 동아시아관계사 연구』(혜안, 1999); 藤岡喜久男, 「朝鮮時代의 袁世凱」, ≪東洋學報≫, 第52卷 第4號(1970), pp.6~7.

22) 『東行三錄』, 壬午 7月 7日, 8日, 9日, 10日, 11日. 군란을 수습하고자 내한

한 일본 사신 하나부사 요시모토는 협상 조건으로 7개조를 조선 정부에 제기했으나 조선 측이 회담에 쉽게 응하지 않으므로 3일을 기한부로 해 조선 정부에 최후통첩을 전달했던 것이다. 마건충은 청병 입성 전에 회담이 결렬될 것을 우려해 인천으로 가서 하나부사와 만나 이야기를 나누었다. 그는 하나부사에게 조선은 현재 국왕이 자주적으로 정사를 처리하지 못하고 있으며 회담이 지연되고 있는 이유도 집정인 대원군이 고종을 대신해 정권을 장악하고 있기 때문이니 청병이 난당을 심판한 연후에 회담을 진행시키면 일이 순조로울 것이라고 했다.

23)『中日交涉史料』 卷3, p.134, 直隷總督張樹聲奏援護朝鮮獲致亂黨首領摺(光緒 8年 7月 21日); 田保橋潔, 『近代日鮮關係の研究』(朝鮮總督府 中樞院刊, 1940), pp.840~848; 王信忠, 『中日甲午戰爭之外交背景』(台北: 文海出版社, 1964), pp.44~45.

24)『東行三錄』, 壬午 7月 13日條.

25) 다보하시 기요시(田保橋潔)은 『近代日鮮關係の研究』에서 대원군을 억지로 보교에 태운 사람이 바로 마건충이라 하고 있다. 『東行三錄』, 壬午 7月 13日條에 "余掖昰應出 令登輿 於時軍士兩行 劍戟森列 長夫舁輿俟 昰應以非己輿 不肯入 余納而進之 健卒百人蜂擁而去"라 했고, 『容菴弟子記』에서는 "公(世凱)握力在側曰 事已露 遲則生變 卽促人扶昰應 入肩輿 星夜趨馬山浦登兵輪 送天津"이라 했듯이 마건충이 대원군을 부축해 수레에 태우려 하자, 원세개가 건장한 수하들과 함께 진두지휘하여 대원군을 수레에 태웠던 것임을 짐작할 수 있다. 그리고 정교(鄭喬, 정차오)가 『大韓季年史』(『韓國史料叢書』 第5), p.15에서 "翌日往謝于清陣 與長慶相見 纔敍寒暄 長慶忽起 健卒數人露刃上帳 遂執大院君 載肩輿出轅門 向南陽馬山浦"라 한 것도 이를 입증한다고 볼 수 있다.

26)『東行三錄』, 壬午 7月 14日條에 보면, 조영하는 오장경에게 "亂黨數千人悉隸兵籍 多在城東枉尋利泰二里 聚族以居 其爲亂首 無從廉得 而蟠據二里 跡同嘯聚 朝鮮將校 無敢深入其巢者"라 하여 조선 측에서 군란에 계루(繫

累)된 자가 이태원 왕십리 2동에 반거(蟠據)하고 있다고 제보했다. 『東行三錄』, 壬午 7月 15日條에 보면, 김윤식을 통해 「亂黨所居多在枉尋利泰二里 請速勒兵往討」라는 고종의 밀서를 전해 난군 토벌을 청탁했던 것이다.

27) 『東行三錄』, 壬午 7月 14日條; 『中日交涉史料』 卷3, p.137, 北洋通商大臣李鴻章奏捕治朝鮮亂黨情形摺(光緒 8年 7月 29日), 『近代日鮮關係の硏究』, pp.851~852; 王信忠, 『中日甲午戰爭之外交背景』, p.45; 권석봉, 「임오군란」, 『한국사』 16(開化斥邪運動)(국사편찬위원회, 1995), 435쪽.

28) 『東行三錄』 임오 7월 16일 조에서 마건충은 당시의 정황을 기록하기를 "里中間有居民雜處 未敢輕用礮火 爲崑岡炎之 僅以短兵格鬪"라 했고, 『陰晴史』, 고종 19년 7월 10일 조에서 김윤식은 "遣兵圍枉尋里·利泰院 亂放洋鎗 兩村民皆 拘頭而伏"이라 하여 청군은 옥석을 구분하지 않고 양촌민을 무자비하게 참살한 사실을 기록하고 있다. 『음청사(陰晴史)』의 7월 8일 이후의 일기가 병기(幷記)되고 있다. 따라서 난당 평정에 관한 기사는 7월 15일이 타당하다.

29) 『中日交涉史料』 卷3, p.137, 北洋通商大臣李鴻章奏捕治朝鮮亂黨情形摺(光緒 8年 7月 29日), 『近代日鮮關係の硏究』, pp.851~852; 『中日甲午戰爭之外交背景』, p.45.

30) 『淸 德宗實錄』 卷151, 光緒 8年 9月 1日條(4a~4b).

31) 『陰晴史』 下卷, 高宗 19年 8月 2日條.

32) 『陰晴史』 下卷, 高宗 19年 9月 19日條.

33) 『近代日鮮關係の硏究』, pp.871~872.

34) Jerome Ch'en, *Yuan Shin-K'ai*(Stanford University Press, 1972), p.9는 원세개 휘하의 신식 조선군은 피바디 마티니(Peabody-Martini) 소총 3000정으로 무장한 4개 보병대대라고 서술하고 있다.

3장

갑신정변과 청·일의 충돌

1. 청의 종주권 강화

청은 대조선 정책을 한층 더 강화할 목적으로, 1882년 9월에 조선과 '조청상민수륙무역장정'을 체결해 조선에서의 치외법권, 내지통상권, 조선 연해에서의 운항 순시와 어채 활동 등 경제적·외교적 특권을 강제로 인정하도록 했다.[1] 그리하여 먼저 행해진 일본의 경제적 침투를 대항·견제하고, 청상의 활동을 장려해 일본의 무역 독점을 배제하려고 했다.

청이 조선에 파병한 것은 명분상으로는 반란을 평정하기 위한 것이었으나, 실상은 일본의 침투를 방어하고 조선과 일본이 손잡는 것을 견제하기 위해서였다. 그런데 청의 출병이 성공하자 청 정부 내의 청류당(淸流黨) 강경론자들은 대조선 적극책의 강화를 주창했다.[2] 청류당의 주장은 금번의 군사적 위세를 이용해 일본을 섭복(懾服)시켜 후환을 없애자는 것이었다. 그리고 조선에 대해서 종전과 같은 미온적·방관적인 태도를 버리고 감국대신을 파견하거나 고려 때와 같이 행성을 두어 실질적으로 청의 군현으로 편입할 것을 주창한 것이다. 즉 오장경의 막빈(幕賓)으로 조선에 온 장건은 조선 내정의 피폐와 일본의 급격한 신장을 우려해 1882년 9월, '조선선후6책(朝鮮善後六策)'을 기초하고 오장경에게 그것을 대신 보고하게 했다. 그는 "조선은 한(漢)의 현도군(玄菟郡)과 낙랑군(樂浪郡)의 예를 원용해 폐하여 (정의) 군현(郡縣)으로 삼고, 수(周)의

예에 따라 감국(監國)을 두거나 해구에 대병력을 배치해, 그 내정을 개혁하거나 스스로 신식 군대를 훈련시켜 우리 동삼성(만주)과 기맥을 하나로 합칠 것이며, 일본에는 삼도로 출병해 류큐를 회복할 것"이라고 주장했다.[3] 여기서 장건은 조선을 보유해야 한다는 구체적 방법론과 적극론을 펴고 있으나 이홍장은 그의 주장을 받아들이지 않았다. 그러나 원세개가 장건을 사사하고 있었으므로 그의 주장은 이후 대조선 적극책에 크게 반영되었다.[4]

1882년 8월 2일, 급사중(給事中) 등승수(鄧承脩, 덩청슈)는 그의 상주문에서 청·일 양국의 국력을 비교하고 일본의 교활한 침략성을 지적하면서, 일본의 류큐 병탄에 대한 죄를 묻기 위해 출병해야 한다고 요청했다.[5] 같은 달 16일, 한림원 시독(侍讀) 장패륜(張佩綸, 장페이룬)도 일본이 류큐를 병탄해 청을 능멸하고 조선에 거액의 배상을 요구한 사실을 들어 일본과의 개전을 촉구하면서 등승수의 안에 적극 찬동했다.[6]

이와 같은 청류당의 주장은 조선을 둘러싼 청·일의 패권 다툼에 역점을 둔 것으로, 조선 문제는 류큐나 그 외 주변의 번속국과는 경우가 다르고 조선이 일본에 귀속하면 만주가 위험하기 때문에, 동정(東征) 문제도 사실은 일본의 예기를 꺾어 조선에서의 세력 기반을 제거하기 위한 것이었다.

그런데 이홍장의 견해는 조선 주둔군의 철병이 용이하지 않고 수군, 장교, 선척 등이 출정에 적합하지 않으므로 상하가 한마음으로 힘을 모아 지구전으로 일본을 곤핍(困乏)하게 하는 것이 상책이고, 속전은 승산이 없다는 것이었다.[7] 그리고 동정이 실익을 거두기 위해서는 자강에 전력을 다해 해군의 군비 확장에 매진하며 기다려야 하고 더욱이 추신(樞臣), 부신(部臣), 강신(疆臣)의 의견 일치가 시급하니, 중앙과 지방의 힘을 갖추어야만 그러한 것이 가능하다는 견해였다.[8]

이홍장의 주견은 당시 실정을 참작·고려한 것인데 그 자신이 비록 북양대신이라는 최고 요직에 앉아 청의 외교·교섭을 전담하다시피 했으나 청 정부에서 그의 견해가 전폭적인 지지를 받고 있는 것은 아니었다. 상부 관청으로 총리아문이 있어 그의 권한을 제재했고, 남양대신·육부상서·군기대신 등이 그와 동렬에 있으면서 황제에게 개별적으로 각자의 견해를 표명해 의견 일치가 쉽지 않았다. 강희제(康熙帝)·건륭제(乾隆帝) 때는 현신의 직언이 용납되었으나 그 후 용렬한 군주가 연이어 즉위하면서 현우(賢愚)를 가리지 못해, 중앙·지방 할 것 없이 관료 간에 이견이 백출했다. 이홍장은 이러한 일련의 폐단을 바로잡아 통합적인 체제 아래 국가가 총력을 기울여 자강운동에 매진해야 한다고 주장한 것이다.

그러나 이홍장의 소극론은 청류당의 적극론에 부딪히자 다소 수정을 가할 수밖에 없었다. 일본과의 충돌을 되도록 피한다는 원칙에는 변함이 없었지만, 조선 문제에 대해서는 청류당의 의견에 반대할 수가 없었다. 청류당 주장의 중심이 되는 장패륜의 '동정선후6책(東征善後六策)'은 개략적으로 다음과 같다.

① **이상정(理商政)**	청에서 대관을 파견해 조선의 국정을 감시할 것

② **예병권(預兵權)** 조선의 병권을 청에서 관장할 것

③ **구왜약(救倭約)** 청에서 차관해 임오군란의 배상금 지불을 도와 조선의 재정 곤란을 방지할 것

④ **구사선(購師船)** 청에서 군함 세 척을 구입해 인천에 주차케 하고 조선과의 연락을 도모할 것

⑤ **방봉천(防奉天)** 조선이 일익다사(日益多事) 하기 때문에 봉천(奉天) 방위를 엄히 할 것

⑥ **쟁영흥(爭永興)** 조선의 영흥만은 전략상 요지이므로 러시아 군사의 남침 방지를 위해 영흥을 보호할 것[9)]

동정선후6책에 대해 이홍장은 ①항의 이상정(理商政)은 내정간섭의 혐의가 있으며 일본과의 외교상 분쟁을 야기할 위험이 있고, ③항의 구왜약(救倭約)은 민간투자에 의해 조선에 차관을 추진하고 있으며, 임오배상금은 조선 측이 상환 능력이 있으므로 청 정부에서 대관(貸款)할 필요가 없다는 이유를 들어 반대했으나, 나머지 예병권(預兵權), 구사선(購師船), 방봉천(防奉天), 쟁영흥(爭永興) 등에 관해서는 이의 없이 동의하고 있다.[10)]

'이상정'은 원세개가 주차조선총리교섭통상사의로 부임한 이후 청의 실질적 감국대신이나 다름없이 내정간섭을 자행함으로써 사실상 관철되었다. 물론 원세개의 대조선 정책과 이홍장의 정책이 일치한다고 볼 수 없으므로 장패륜의 견해가 이홍장을 통해 시행되었다고는 할 수 없으나, 청류당의 주상이 청의 관료들에게 미친 영향은 과소평가할 수 없다.

이홍장은 감국대신의 파견이나 조선을 청의 완전한 속국으로 만드는 데는 반대했으나 조선의 국정을 감시하고 보호할 필요성은 인정했다. 당시 조선에서는 조영하(趙寧夏)·김홍집(金弘集)·김윤식(金允植)·어윤중(魚允中) 등이 개국을 주도하고 서양 열국과의 외교 통상을 주관하는 인사로 알려져 있었는데, 이들은 외교 경험이 미숙할 뿐만 아니라 국제 정세의 흐름에도 밝지 못했다. 조선은 서양 각국과의 외교·교섭 문제에 오로지 청의 종용과 주선에 의지하는 바가 컸으며, 특히 장차 설립할 해관과 그 관리에 대해서는 청의 지도와 주선을 기대하지 않을 수 없었다. 이와 같은 실정이므로 이홍장은 외교 문제에 숙달한 인사를 고문으로 파견해 조선의 외교를 개도하고 해관 관리를 맡게 하며 먼저 파견된 청장 오장경과 연락하게 하여 조·청 관계를 한층 강화하려 했다. 그리하여 같은 해 11월 초에 독일인 묄렌도르프[11]와 마건상(馬建常, 마젠창: 마건충의 친형)을 파견했다. 조선에 온 마건상은 의정부 참찬 겸 협판교섭통상사무, 묄렌도르프는 해관총세무사 겸 협판교섭통상사무의 중임을 맡았다. 그리고 이 두 사람은 앞서 파견된 오장경의 지휘하에 비밀리에 연락하면서 조선 정부의 외교와 재정을 감시해 조선이 청의 굴레에서 벗어나지 못하게 했던 것이다.

오장경은 조선의 외교 및 재정과 청군 통합 등 중임을 맡았으나, 그의 임무가 워낙 많고 번잡해 홀로 담당할 수 없어 재정과 외교 문제는 묄렌도르프와 마건상이 분담하게 하고, 군사 문제는 원세개가 통할하게 했다.[12] 이로써 청군의 실권이 사실상 원세개의 손안에 들어갔고 게다가 조선 신군의 지휘권까지 받으면서, 원세개는 일시에 두각을 나타내게 되었다.

2. 갑신정변 시 원세개의 활동

1860년대 남베트남을 점령한 프랑스가 베트남을 보호령으로 삼고 북부의 통킹 지역으로 북상하자 1883년부터 청의 지방군이 베트남 북변으로 진출해 청과 프랑스 양국 간에 전운이 감돌았다. 1884년 초가 되자 주화론자이던 공친왕 일파가 주전론자이던 청류당 일파에게 빈번히 공격당해 결국 공친왕 일파가 정계에서 물러나게 되었으며, 아울러 공친왕과 마찬가지로 유화적인 이홍장의 외교정책도 맹렬히 탄핵받아 열세를 면할 수 없었다.[13] 그리고 조선에 주둔 중이던 청군 일부가 청프전쟁에 대비하고자 조선을 떠나면서 청국 세력에 의존하던 조선의 정국이 또다시 소란스러워졌고, 기회를 엿보아 오던 이른바 독립당이 눈부신 활약을 벌였다.

이홍장은 공친왕 등을 잃어 고립되고 사방에서 공격을 받아 한때 지위가 위태로웠으나, 서태후가 그의 외교 수완을 인정했으므로 파직되거나 퇴출되지는 않았다.

한편 임오군란 이후 오장경이 회용(淮勇) 6영을 통솔해 조선의 치안을 유지하며 외세의 침입을 막고 있는 동안 정국이 일시적으로 소강상태를 유지할 수 있었다. 그러나 1884년 4월 오장경이 주한 청군을 둘로 나누어 6영 중 전영(前營)·중영(中營)·정영(政營) 등 3영을 거느리고 청프전쟁에 대비하고자 금주(金州)로 철환함으로

개화당의 인물들
1883년 말 일본에서 찍은 사진으로, 앞줄 오른쪽에서 두 번째가 서광범, 세 번째가 민영익, 맨 왼쪽이 홍영식이다. 앞줄에 보이는 어린이는 박용화이다. 뒷줄 왼쪽에서 네 번째 인물이 유길준이다.

써 조선 주둔군은 좌영(左營)·후영(後營)·경부영(慶副營)의 3영으로 반감되었다.[14] 청과 프랑스 간의 교전이 예측할 수 없는 상황에 이르자 조선에서는 이른바 사대당(친청당)과 독립당(친일당) 간의 반목과 알력이 표면화되어 쌍방의 주견을 용납할 수 없을 만큼 대립이 격화되었다.

원래 사대당의 민영익·조영하·김홍집·김윤식·어윤중 일파와 독립당의 박영효(朴泳孝)·홍영식(洪英植)·김옥균(金玉均)·서광범(徐光範) 일파는 대원군의 배외 정책과 쇄국 정책에 반대하고 서구 열강과 개국·통상을 주장하는 개화파로 통칭되었다. 사대당은 청의 보호와 지도 아래 점진적인 개화에 주력하고 관념적으로 청의 종주권을 인정한다는 점에서 수구사대당으로 지목되었으며, 반대로 독립당은 청의 종주권을 부인하고 급진적인 개혁으로 개화를 단행해 조선의 자주독립을 쟁취하려 한다는 점에서 독립당이라 지칭된 것으로 보인다. 청을 추종하는 온건파가 군비와 군사 중심의 산업 및 교육 기구 설립에 한정되었던 청의 보수적 양무개혁을 모델로 삼으려 한 데 비해, 일본의 메이지유신을 본뜬 급진파는 과격한 국가 정체의 개혁을 추구해, 두 파벌 사이에는 개혁 노선을 둘러싸고 분열이 일어났다. 더욱이 임오군란을 계기로 청의 군사적 내정간섭이 강화되자 급진파에게는 당시 조선의 현실에서 청국과 그와 결탁한 민씨 척족 중심의 사대당 세력이 개혁의 최대 장애로 인식되었다. 청·일 양국의 영향 아래 때늦게 개항한 조선에서 개화운동이 시작된 지 얼마 되지 않아 이 같은 정치적 분열이 발생한 것은, 개항이 늦은 만큼 국가적 위기 상황이 급박했기 때문으로 보인다. 양 파 간에는 하등의 이념적 차이를 발견할 수 없으며 개화를 추진하는 방법이 약간 상이할 뿐이었다고 생각된다.

갑신정변의 주역
왼쪽부터 박영효, 서광범, 서재필, 김옥균

한편 임오군란 후 청이 출병해 내란을 평정하고 조선의 정치·외교·군사 면에 적극적으로 간여하자, 일본은 이에 불만을 품어

우정국 전경 화재로 소실되었다.

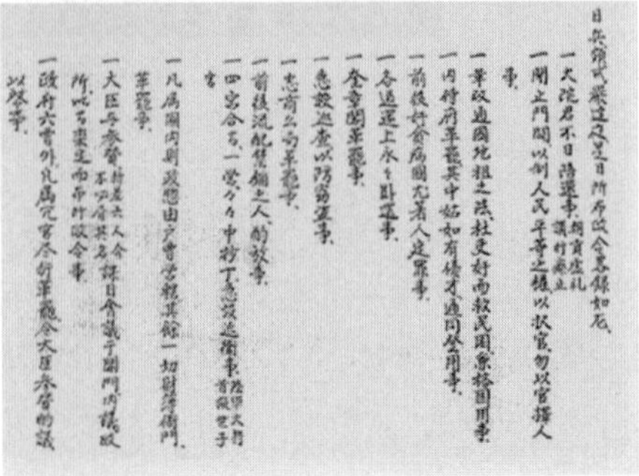

一大院君不日陪還事 朝貢虛禮議行廢止
一閉止門閥以制人民平等之權以擇官勿以官擇人事
一革改通國地租之法杜吏奸而救民困兼裕國用事
一內侍府革罷其中如有優才通同登用事
一前後奸貪病國尤著人定罪事
一各道還上永永臥還事
一奎章閣革罷事
一急設巡查以防竊盜事
一惠商公局革罷事
一前後流配禁錮之人酌放事
一四營合爲一營營中抄丁急設近衛事 陸軍大將首擬世子
一凡屬國內財政總由戶曹管轄其餘一切財簿衙門革罷事
一大臣與參贊 新差六人今不必書其名 課日會議于閤門內議政所以爲稟定而布行政令事
一政府六曹外凡屬冗官盡行革罷令大臣參贊酌議以啓事

혁신정강 14개조

조선인을 사주해 청의 굴레에서 벗어나게 할 생각이 간절했다. 1882년 8월 박영효·김옥균 등이 수신사로 일본에 건너갔을 때 일본의 조야(朝野)는 이들을 선동해 조선의 독립(청의 간섭 배제)을 종용했고, 요코하마정금은행(橫濱正金銀行)에서 17만 원(元)을 대관해 임오배상금 지불을 원활하게 하는 등 후의를 베풀었다.[15] 그 후 김옥균은 계속 일본을 오가며 거액의 차관을 주선해 조선의 재정 궁핍을 막으려고 했다. 그뿐만 아니라 조선이 자주독립함으로써 동양평화가 유지된다고 한 일본의 명사 후쿠자와 유키치(福澤諭吉)

에게 감화되어 신문화를 도입하고 내정개혁을 단행하려는 뜻을 굳혔다. 여기다 일본 외무상 이노우에 가오루(井上馨), 주한공사 다케조에 신이치로(竹添進一郎)가 김옥균 등의 독립당을 도와 그들의 혁신정책을 구현하는 데 전력을 다할 것을 약속함으로써 정변 기도를 구체화했다.

반면 청은 오장경의 청군이 주둔지를 옮긴 것을 전후해 청프전쟁이 치열히 전개되었으나 승패를 가늠할 수 없게 되자 큰 위기에 빠졌다. 게다가 조선 내에서 청군이 횡포를 부리고, 새로 주조된 당오전(當五錢), 당십전(當十錢)의 통용으로 물가가 뛰어올라 재정이 극도로 악화되자 청군에 대한 조선인들의 원망은 나날이 커졌다. 독립당은 이런 분위기를 이용해 일본의 원조를 받아 사대당을 몰아내려 했다.

그리하여 1884년 10월 17일, 신설된 우정국 청사의 낙성식을 계기로 정변을 일으켰다. 우정국 청사 근처 민가에 방화하는 것을 신호로 거사해, 식에 참석했던 민영익을 습격해 자상을 입히고 이어 독립당 일파가 입궁해 고종을 영우궁(影祐宮)에 이어(移御)케 하고 입시(入侍)하던 윤태준(尹泰駿), 한규직(韓圭稷), 이조연(李祖淵) 등 3영사와 판서 민영목(閔泳穆), 좌찬성 민태호(閔台鎬), 판서 조영하를 살해했다. 그리고 다음 날인 18일에 홍영식을 우의정, 박영효를 전후영사, 서광범을 좌우영사, 김옥균을 호조참판, 서재필을 병조참판으로 하는 독립당 일파의 신정부를 수립했다.[16] 그러나 준비가 충분하지 않았고, 계획이 치밀하지 못한 데다 민중의 호응을 얻지 못해 삼일천하로 끝나고 말았다.

이에 앞서 오장경이 3영의 주둔지를 옮긴 후 국내에 잔류한 3영을 기명제독 오조유가 통솔했는데, 그가 우유부단하고 결단력이 없어 실권은 조선영무처회판조선방무(朝鮮營務處會辦朝鮮防務) 원세개에게 옮겨졌다.[17] 원세개는 오장경이 있을 때부터 조선 신군의 병권과 아울러 청군의 실권을 장악하고 있었고, 때때로 오장경의 존재를 무시하는 행동을 자행하기도 했으므로, 1883년 9월 오장경은 이홍장에게 다음과 같은 편지를 보냈다. "원근에 와전되어 시중에 소문이 무성한바 …… 청컨대 잘못된 곳은 바로잡아 다른 현명하고 능한 자를 뽑아 보내주기 바랍니다"라고 원세개의 회국을 품신(稟申)했다.[18] 원세개를 회국시켜 달라는 오장경의 요청은 이홍장의 만류로 다음 해로 연기되었다. 이는 원세개가 공을 세우려고 서두르고 월권한 데서 기인했음이 틀림없었다. 원세개는 1884년 9월에 조선 내 사대당과 독립당 양당 간의 알력이 심각하고 고종의 향배가 일정하지 않음을 간파해 오조유를 제쳐놓고 이홍장에게 편지를 보내 조선의 정세를 피력하고 그 대책을 다음과 같이 올렸다.

> 조선의 군신은 일본인에게 번롱(翻弄)당하여 미로에 서서 그 잘못을 깨닫지 못하고 있습니다. 왕 또한 깊이 마음을 빼앗겨 중국의 굴레를 벗어나 독립을 성취하고자 합니다. 그 원인을 살피건대 청프전쟁으로 인해 중국이 무력을 행사할 수 없으므로 이 기회에 강국을 끌어들여 중국의 지배에서 벗어나려는 것입니다. 다만 이러한 가운데 김윤식·윤태준·민영익 등은 이 계획에 반대하고 국왕의 의사를 비로잡으려

하고 있습니다. 이런 움직임은 3년 이내에 명백히 드러날 것이니 조선은 실로 중국의 문호요 관건인바, 다른 민족에게 핍박당함은 크게 우려되는 일입니다. 따라서 미리 방도를 취해 배반지심을 막는 것이 이후의 우환을 없애는 중대한 일입니다.[19]

보고를 받은 이홍장은 원세개에게 훈령을 내려 다음과 같이 당부했다.

오장경이 청군의 반을 철회했고 또 목하 청프전쟁이 승패를 헤아릴 수 없는 이때 조선의 군신이 일본인에 선혹(煽惑)되어 중국을 배반하려는 것은 심히 우려되는 일이다. 전쟁이 끝나면 좌시하지 않을 터이니 그 동안 원승(袁丞)과 해당 영의 장병(將兵)은 부동성색하고 진수를 굳게 지키고 있으라.[20]

이처럼 조선 문제에 대해 청 정부로부터 지원받는 것이 어려워지자, 원세개는 주한 청군의 단독적인 군사행동으로 조선에 적극 간섭하기로 결심했다. 그리하여 그는 청군에 밀령을 내려 언제라도 출동할 수 있도록 해대탈이(解帶脫履)를 금하고 전시와 같이 단속을 엄히 했다. 그리고 민영익·한규직·이조연·윤태준 등 조선군 책임자에게도 휘하 병력에 경계를 엄히 하도록 명했다.[21] 원세개의 단독 행동 결정은 이후 이홍장의 대조선 소극 정책에 반해 적극책을 펼칠 단초를 열었고, 조선에 대한 이홍장과 원세개의 태도가 소극과 적극의 양면으로 분기되는 기점이 되었다.

1884년 10월 17일 정변 소식을 듣자 오조유와 진수당 등은 고종의 청구도 없을 뿐 아니라 일본 병사와의 충돌을 예상해 병사 출동을 주저하고 있었는데, 원세개는 강력히 출병을 주장하며 오조유·진수당 두 사람을 설득해 정변 진압을 결행했다. 원세개는 우의정 심순택(沈舜澤)에게 청병 출동을 청구하게 하여 출병의 근거를 마련하고, 일본 공사에 고종을 보호하기 위해 입궁·호위한다고 출병 이유를 전달했다. 10월 19일, 전략을 세운 다음 1500명 정도의 병력을 둘로 나누어 원세개는 창덕궁 정문으로, 오조유는 선인문으로 각기 진로를 정해 일제히 진격해 일본 병사와 교전했다. 이때 원세개가 평소에 훈련시켜 온 조선의 좌우영 군졸도 합세했다.[22] 일몰에 이르자 교전을 멈추고 고종의 행방을 수소문한 결과 홍영식 등에 의해 북묘에 도착했음을 알고, 청병을 분파해 고종을 호위하여 환궁시키도록 했다. 다음 날인 20일에는 고종을 다시 원세개 군영으로 옮겨 독립당의 후환을 없애려고 했다. 갑신정변은 결국 청군의 무자비한 간섭으로 막을 내린 것이다.[23] 청군에 패퇴한 일본 병사와 독립당이 일본공사와 함께 인천으로 도망해 일본으로 망명함으로써, 고종을 핍박해 도모했던 독립당의 정변은 청군의 강력한 무력간섭으로 3일간의 촌극에 그치고 말았다.[24] 청군의 무력간섭과 더불어 정변 실패의 최대 원인은 김옥균 등이 정변을 성공시킬 수 있는 정치적·경제적·군사적 역량도 갖추지 못한 상태에서 일본이라는 외세를 이용해 정변을 시작한 데 있었다고 보아야 할 것이다.[25]

갑신정변의 결과는 두 가지 점에서 의의가 있다. 첫째, 고종을 그 정점으로 한 독립당의 반청운동이 실질적으로 종지부를 찍었다는 점이다. 임오군란 이후 청군의 발호와 청의 조선 내정과 외교에 대한 간여가 전에 없이 심해지자 고종은 청의 속박에서 벗어나려는 움직임을 보였다. 고종이 사대당의 의견을 듣는 한편, 김옥균·박영효 등을 빈번히 일본에 파견해 외채를 구하게 하고, 일본의 사정을 정탐해 일본과의 제휴 여부를 탐지케 했으며, 계속해서 일본에 유학생을 파견했던 것은 그 좋은 예라 하겠다. 더구나 청프전쟁이 치열해지자 청의 종주권 행사가 약화되는 반면 일본 세력의 대두가 현저했고, 조정 내에서 사대당과 독립당의 반목과 질시가 표면화해 정국이 동요하자 불안해진 고종은 친청·친일 양단간에 향배를 결정해야만 했다. 고종의 이런 가변적인 태도가 독립당 활동의 온상이 되었던 것은 사실이다. 그리고 극도의 재정궁핍으로 외국의 원조를 갈망하고 있던 터에 일본이 배상금을 면제하는 호의를 보여 고종의 환심을 샀고, 또 청으로부터의 이반을 촉구하며 독립과 자주를 누릴 수 있다는 설득은 고종으로서도 납득할 수 있는 것이었다. 이러한 고종의 태도가 독립당의 활약을 방조한 셈이다. 고종의 비호가 없었다면 독립당이 척족과 사대당에 대항해 정변을 추진할 수 없었을 것이다. 그러나 독립당의 정변도 민중의 호응을 얻지 못하고 끝남으로써 자주독립의 길은 더 멀어졌다. 이후 피상적인 반청운동이 있었으나 미수에 그쳤고, 규모도 갑신정변만큼 크지 않았다.

둘째, 원세개가 자기 세력을 확립하고 대조선 적극책을 구사할 기초를 마련했다는 점이다. 앞서 기술한 바와 같이 이홍장의 대조선 정책은 일본 세력과의 충돌을 피하고 조선을 견제해 일본에 복속당하지 않게 하는 데 있었으나, 실상은 일본에 기선을 빼앗겨 추종과 양보의 형세를 벗어나지 못해 이른바 연약외교를 일관하고 있었던 것이다. 반면 원세개는 조선에 온 이후 오장경의 막빈으로 있던 장건을 스승 삼아 대조선 강경론을 배웠다. 장건은 조선의 완전한 예속화를 설파했겠지만, 원세개로서는 아직 완전한 예속화를 실행할 수 없었다. 원세개는 이홍장이 추진하는 외교 정책의 테두리를 크게 벗어날 수 없었고, 원세개의 단독적인 행동은 이홍장의 지지를 받아야 가능했기 때문이다.

그러나 원세개는 북양대신 이홍장의 조선 정책을 충실히 집행해야 할 대리인의 지위에 있었음에도 청프전쟁과 같은 위기 상황에서 임기응변적이고 독단적인 판단을 과단성 있게 결행해 성공시킴으로써 이홍장의 회군 진영에서 견고한 입지를 확보했다. 갑신정변 때 그의 단독적인 군사행동을 예로 들어보면, 그는 청프전쟁으로 인해 이홍장이 동쪽의 조선 문제에 전념할 겨를이 없으므로 조선에 주둔한 청군이 자유재량으로 사태를 수습해야 한다는 것을 재빨리 간파했다. 오조유가 이홍장의 명령을 기다려야 한다고 주장했음에도, 원세개는 끝내 일본 병사와 충돌을 감수하면서까지 소기의 목적을 달성했던 것이다.[26] 이것은 조선을 청의 종속국으로 남아 있게 하려면 무력행사가 불가피하다는 그의 직감에서 나온 결단이고 이러한 결단은 그의 성격의 소치이기도 하다. 그는 이렇듯 권모술수와 휼계에 능한 사람이었다. 자신을 힘써 추천하고 보살펴 주던 오장경을 능멸하는 배은망덕한 행동을 자행

청일전쟁 당시 청나라 포로를 감시하는 조선 병사

일본군의 포로가 된 청군

했을 뿐만 아니라 대관 자리에 오르자 스승으로 받들던 장건에게 항례(抗禮)했으며, 무술정변이나 신해혁명 당시에는 지기를 배반하고 욕망을 충족하기에 급급했다. 그는 자기 이익을 위해서는 수단과 방법을 가리지 않는 인간이었다.

원세개의 대조선 정책은 근본적인 면에서 이홍장의 대조선 정책을 답습했지만, 이홍장이 취한 유화적·소극적인 방법을 버리고 적극적으로 간여해 청의 종주권을 강화하고자 했다. 결과적으로 원세개의 대조선 정책은 성공했고, 이후 청일전쟁이 일어날 때까지 청의 대조선 정책 수행에 가장 적합한 인물로 간주되어[27] 조선에 계속 체류하면서 조선의 내치와 외교 등 간여하지 않는 것이 없었다. 이렇듯 원세개는 임오군란과 갑신정변을 통해 구축한 세력을 기반으로 조선 주재 외교관 중에 두드러진 인물로 부상했다.

주

1) 김종원, 「조·청상민수륙무역장정의 체결과 그 영향」, 국사편찬위원회 엮음, 『한국사』 16(근대편)(탐구당, 1975), 142~184쪽.

2) 이부상서 이홍조(李鴻藻, 리훙자오), 공부상서 옹동화(翁同龢, 웡퉁화)를 수괴(首魁)로 하고 오대징(吳大瀓, 우다청), 진보침(陳寶琛, 천바오천), 장패륜(張佩綸, 장페이룬), 보정(寶廷, 바오팅), 등승수(鄧承脩, 덩청슈), 유은부(劉恩溥, 류언푸) 등 당시의 명사들을 지칭한 것으로, 이들은 병사(兵事)를 토론하고 시정의 득실을 논해 대신을 탄핵했다. 그중 장패륜·진보침의 주장이 과격했던 것으로 알려진다. 청프전쟁이 일어나자 이들은 연달아 상소해 시사(時事)를 논하고 남양과 북양에서의 외교적 실패와 프랑스에 패한 강신(疆臣)들의 실지(失地)의 죄를 탄핵했다. 이리하여 그들은 일시에 '청류당'으로 지목되었다. 羅惇融, 『中法兵事本末』, 中國近百年史資料初編.

3) 張謇, 『張季子九錄』, 「政聞錄」 卷三, 爲東三省事 復韓子石函(『近代日鮮關係の硏究』上卷, pp.861~862 재인용): "於朝鮮則有援漢元菟樂浪郡例 廢爲郡縣 援周置監國 或置重兵守其海口 而改革其內政 或令自改而爲練新軍 聯我東三省爲一氣 於日本則三道出師 規復流虬(琉球)".

4) 白蕉, 『袁世凱與中華民國』, 「黃炎培序文」(中國現代史料叢書, 第1輯)(台北: 文星書店, 1962年).

5) 『中日交涉史料』 卷4(139)(台北: 文海出版社, 1963), 「黃炎培序文」: "給事中鄧承脩奏 朝鮮亂黨已平請乘機完結球案摺(光緖 8年 8月 初2日)에 보면 "臣愚以爲朝廷宜乘此聲威 將高人敢亂之由 諸將平定之速宣示中外 特派知兵之大臣駐紮烟台 相機調度 不必明與言戰 但厚集南北洋戰艦 勢將東渡 分撥出洋梭巡 外以保護商人爲名 更番出入 藉以熟探沙線 飽閱風濤 流覽形勢爲扼吭附背之謀 其駐紮高麗之吳長慶水陸各軍 乞飭暫緩撤回以爲倚角 佈置

已定 然後責以擅滅琉球 肆行要挾之罪 臣料日入必所憚而不敢發".

6) 『中日交涉史料』(147), 「翰林院侍讀張佩綸奏請密定東征之策以靖藩服摺」(光緖 8年 8月 16日): "我水師大集 南北各省 三分其軍 與朝鮮之銳 更番迭出觀釁 而動於我 未病倭不能矣 及其虛竭大擧乘之 可一戰定也".

7) 『中日交涉史料』(149), 「北洋通商大臣李鴻章等奏遵議鄧承修條陳球案摺」(光緖 8年 8月16日).

8) 『中日交涉史料』(151), 「北洋通商大臣李鴻章覆奏宜先練水師再圖東征摺」(光緖 8年 8月22日): "中國若果精修武備 力圖自强 彼西洋名國 方有取憚而不敢發 而況在日本所慮者 彼若豫知我有東征之計 …… 第東征之事不必有東征之志不可無 中國添練水師實不容一日稍緩 諭旨殷殷 以通盤籌畫責臣竊謂此事規模較鉅 必合樞臣部臣疆臣同心合謀 經營數年 方有成效 …… 今則時勢漸平 文法漸密議論漸繁 用人必循資格 需餉必請等撥 事事須樞臣部臣隱爲維持 況風氣初開必聚天下之賢才 則不可無鼓舞之具 局勢過渙 必聯各省之心志 具不可無畫一之規".

9) 『中日交涉史料』(157), 「右庶子張佩綸奏星象主兵請修德講武摺」(光緖 8年 9月 18日).

10) 『中日交涉史料』(161), 「北洋通商大臣 李鴻章奏遵議張佩綸所奏星象主兵請修德講武之條陳摺」(光緖 8年 10月 初5日).

11) 高柄翊, 「穆麟德의 顧聘과 그 背景」, 『東亞交涉史硏究』(서울대학교 출판부, 1970).

12) Jerome Ch'en, *Yuan Shih-K'ai*(Stanford university Press, 1972), p.10.

13) 1884년 3월 청프전쟁에서 청군이 크게 패퇴하자 청류당이 봉기해 공친왕 일파의 연약외교(軟弱外交)를 통박(痛駁)하고 추신(樞臣)들의 득실을 탄핵하자 서태후는 유지를 내려 공친왕 혁흔, 이부상서 이홍조, 공부상서 옹동화를 파면하고 대신에 예친왕 세택(世鐸, 스둬), 군왕함패륵(群王銜貝勒) 혁조(奕劻), 형부상서 장지만(張之萬, 장즈완) 등에게 군기처 및 총리아문의 사무를 관장케 했다. 이에 앞서 1884년 초에 월남 문제로 프랑스와의 분

쟁이 재발하자 장지동, 보정, 등승수, 오대징, 장패륜 등이 프랑스와의 개전을 주장했으나 이홍장은 화의를 주장했기 때문에 청류파로부터 "무주견(無主見)하게 화의만 견지하고 월남이 프랑스의 보호국이 되게 했으니 이홍장의 외교정책은 '추탕분식(推宕粉飾)'으로 주권을 손상시켰다"라고 통렬히 공박당했다. 이홍장은 공친왕과 더불어 양무운동을 벌여 자강을 도모하되 외국과의 충돌을 가급적 피하려 했는데, 이 때문에 청류파로부터 신랄한 비판을 받았으며 공친왕이 탄핵되자 그의 세력이 더욱 고립될 수밖에 없었다. 羅惇融, 『中法兵事本末』, pp.328~331.

14) 「議分慶軍駐朝片」(光緒 10年 4月 初4日), 『李文忠公全集奏稿』 卷49(台北: 文海出版社, 1965).

15) 朝鮮總督府中樞院, 『近代日鮮關係の研究』 上卷(昭和 十五年 三月), pp.907~915; 王信忠, 『中日甲午戰爭之外交背景』(台北: 文海出版社, 1964), pp.60~63.

16) 유홍열, 「갑신정변」, 『한국사』 16(국사편찬위원회, 1975), 524~525쪽; 『近代日鮮關係の研究』 上卷, pp.962~963.

17) Jerome Ch'en, *Yuan Shih-K'ai*, p.10에 보면 『김옥균 일기』에서 인용해, 총영사 진수당은 "무골해삼(無骨海蔘)"과 같은 사람이라 하고 있다.

18) 李文忠公全集朋僚函稿』 권20, 復吳筱軒軍門(光緒 9年 9月 初3日): "遠近訛傳 市言成處 …… 請飭敝處 別選賢能".

19) 李文忠公全集 譯署函稿』 卷16, 袁世凱來禀(光緒 10年 9月 25日): "朝鮮君臣爲日人播弄 執迷不悟 每浸潤於王 王亦深被其惑 欲離中國 更思他圖探其本源 由法人有事 料中國兵力難分 不惟不能加兵朝鮮 更不能啓釁俄人 乘此時機 引强隣自衛 卽可稱雄自主竝駕齊驅 不受制中國 竝不俯首他人 此等意見擧國之有權勢者半皆如是獨金允植尹泰駿閔泳翊意見稍岐 大拂王意 王浸疏遠 …… 如不設法杜其騖外之心 異日之患實非淺鮮".

20) 『李文忠公全集 譯署函稿』 卷16, 論朝鮮(光緒 9年 9月 初3日).

21) Jerome Ch'en, *Yuan shih-k'ai*, p.11.

22) 진단학회, 『한국사』(최근세편)(을유문화사, 1961), 643~645쪽. 오광유는 청국 사관을 시켜 고종에게 올리는 일봉서(一封書)를 전달했는데 내용은 "경성내외(京城內外)가 평정여상(平靜如常)하니 무걸방심(務乞放心)하시라"는 것이었다. 그리고 얼마 있지 않아 청 측의 통역관이 와서 고하되 "원세개가 병사 600명을 인솔한 후 입궐하여 알현하기를 청한다" 했다. 이 같은 위협적인 통고에 독립당 측은 "원사마(袁司馬)의 알현이라면 말할 것 없겠지만 군병을 인솔하고 입내(入內)함은 결코 허락할 수 없다" 했다. 얼마 후 다시 원세개가 일본 다케조에 공사에게 보내는 편지 한 통이 당도했는데, 미처 뜯어보기도 전에 돌연 총성이 궐내를 진동하며 청병의 무리가 동남으로부터 쳐들어왔다고 하며 청 측 군사는 1500명이었고 일본군 병사는 200명 정도였다고 한다.

23) 沈祖憲, 『容菴弟子記』(中國現代史料叢書 第一輯)(台北: 文星書店, 1962), pp.17~25; 『中日甲午戰爭之外交背景』, pp.82~83. 진단학회, 『한국사』(최근세편), 658쪽; 국사편찬위원회, 『한국사』 16, 535~537쪽에 보면 "북묘(北廟)에서 청군과 만난 조선 국왕은 그날 밤은 우선 창경궁 선인문 밖 오조유영(吳兆有營)에서 밤을 새운 다음, 다음 날인 20일 하도감(下都監)의 원세개 진영으로 옮김으로써 개화당의 이른바 '삼일천하'는 끝나고 말았으니 이는 청군의 무자비한 간섭으로 막을 내리게 되었다"라고 했다.

24) 『中日交涉史料』 卷6(276), 「附件 1 駐防朝鮮提督吳兆有等來稟」, 「照錄委辦親慶等營會辦朝鮮防務袁丞世凱來稟」; 유홍렬, 「갑신정변」, 『한국사』 16.

25) 康玲子, 「甲申政變の問題點」, 『朝鮮史硏究會論文集』 22(朝鮮史硏究會, 1985), pp.126~128.

26) 『中日交涉史料』 卷5(214), 「北洋大臣來電」(光緒 10年 10月 23日 到電報檔): "但倭情回測 明係乘中法有事 尋圖朝 恐禍更烈 …… 尤亟應請旨勅南洋派出五船 及北洋二船 會齊東駛朝鮮 援應彈壓".

27) 『李文忠公全集奏稿』 卷49, 議分慶軍駐朝片(光緒 10年 4月 初4日): "分發同知袁世凱廉明果毅 曉暢機宜 久辦慶軍營務 兼帶朝鮮練軍該國君臣均深敬

佩 堪以委令總理營務處會辦朝鮮防務 可期得力"이라 했고, 또한 『李文忠公全集奏稿』 卷50, 「代奏朝王謝摺」(光緖 10年 閏5月 初7日), 同附件 朝鮮國王原咨: "然而尙有三營仍留善後 會辦防務袁中書世凱公廉明達 君民孚悅"이라 하여 고종도 그를 칭찬하고 있다.

4장

내정 · 외교 간섭

1. 다시 조선에 온 감국대신 원세개

원세개는 갑신정변 직후 1884년 11월에 일단 귀국했다가 다음 해 8월에 다시 조선으로 왔다. 국제 정세의 변화에 대처할 적격자로 간주되어 이홍장 일파의 강력한 지원을 받아 조선 내정을 감시할 이른바 '감국대신(監國大臣)'으로 부임한 것이다. 그러므로 먼저 조선을 둘러싼 국제 정세의 변화와 원세개의 내한 경위를 밝히고, 아울러 청의 대조선 정책이 어떻게 진전되어 갔는지를 살펴보겠다.

갑신정변 후 일본에서는 청에 대한 감정이 악화되어 화전(和戰) 양론이 분분했는데 그것이 청에 큰 위협이 되고 있었다. 일본 측의 주장이 청과의 개전으로까지 확대되지는 않았으나, 일본이 양국 병력 충돌의 책임을 물어 책임자 처벌을 요구하자 청은 이에 동의했다. 이와 같은 일본의 태도는 청 세력을 견제하려는 수단에 불과했으나, 청은 일본과의 충돌을 피하고자 병력 충돌의 책임자로 간주된 원세개를 소환함으로써[1] 사태를 수습하려 했다. 일본은 주한공사 다케조에 신이치로가 한 실책을 만회하기 위하여 정변 직후 외무경 이노우에 가오루를 파견해 '한성조약(漢城條約)'을 맺고 자국에 유리한 조항을 삽입케 하는 한편, 다음 해(1885) 초에 이토 히로부미(伊藤博文)를 천진에 파견하여 이홍장과 '천진조약'을 체결해 양국 철병을 가결하는 등 외교적 성과를 거두게 되었다.

이처럼 양국은 조선을 둘러싸고 각축을 계속하고 있었지만 갑신정변 이후 국제 관계의 변화에 따라 조선 정세가 유동적인 상황에 이르자 일본의 청국에 대한 적대 정책은 완화되고 도리어 청의 대조선 적극책을 지원하는 결과를 빚었다.

1885년 갑신정변에 대한 수습책으로 청·일 양국 간에 '한성조약'과 '천진조약'을 체결하는 협상이 진행되는 동안, 조선을 둘러싼 국제 정세에 변화가 있었다. 영국과 러시아의 유라시아 대륙 전역에 걸친 거대한 경쟁이 거문도(巨門島) 사건이라는 형태로 한반도 주변에서 폭발한 것이다. 임오군란과 갑신정변 기간에 청·일 양국의 경쟁에 의해 정세가 급박하게 돌아가던 한반도가 영국과 러시아라는 초강대국이 경쟁하는 무대로 전환한 것이다. 본국에 소환되었던 원세개는, 이제 청·일 양국의 군사력이 조선에서 철수하고 구미 세력이 개입해 더욱 국제화된 복잡한 정세 속에서 조선에 재부임하여 종주국으로서 청의 우위를 쟁취해야 하는 과제를 안고 있었다.

조선은 고종 19년(1882) 미국·영국·독일 제국과 '수호통상조약'을 맺어 통상·교섭 사무가 확대되자 이홍장의 추천에 따라 외교·통상에 밝은 독일인 묄렌도르프를 기용했다. 그는 조선에 부임한 이래 고종과 정신(廷臣)들의 신임을 받았으며 총세무사(總稅務司) 겸 외교협판(外交協辦)이라는 요직에 앉아 재정과 외교의 중임을 맡았다. 한편 묄렌도르프는 이홍장의 밀촉(密囑)을 받아 조선의 국정을 감시하는 임무도 띠고 있었다. 그러나 조선의 국세가 약해져 청·일 양국의 조종을 받고, 특히 청의 관리 원세개가 내정에 갖은 참견을 하는 것을 매우 불쾌하게 생각했다. 그리하여 그는 1860년

사건 당시 거문도 전경

거문도를 강점한 영국 군인들이 거문도 주민들과 함께 찍은 사진

이래 영토 확장에 전념하고 있던 러시아와 결탁해 청·일 양국을 견제하고 조선을 자주독립국으로 만들려고 하는 이른바 '연러책(聯露策)'을 기도했다.[2]

이러한 계책에 가장 민감한 반응을 보인 것이 영국이었다. 고종 22년(1885) 3월 1일 영국은 조선의 거문도[제주도와 여수의 중간에 위치한 고도로, 영국은 해밀턴항(Port Hamilton)이라 불렀다]를 불법 점령해 국제 관계를 크게 긴장시켰다.

이홍장의 추천으로 기용된 묄렌도르프

묄렌도르프가 1884년 7월부터 갑신정변을 전후하여 청·일에 대항해 러시아를 조선에 끌어들이고자 활동하던 시기인 1885년 4월 14일, 영국 함대가 거문도를 점령하는 사태가 일어났다. 당시 세계정세에서 보면 영국의 거문도 점거는 중앙아시아에서의 러시아의 남하가 영국령 인도의 전선인 아프가니스탄을 압박한 것과 관련이 있다. 러시아는 1871년 청국의 서북부 이리 지역을 점거했고, 1884년에는 투르키스탄을 병합했으며, 1885년 3월에는 러시아군이 펜제(Penjdeh)에서 영국의 지원을 받던 아프가니스탄 군대를 격파한 펜제 사건이 발생했다. 영국은 중앙아시아에서의 러시아의 남하를 견제하려 동아시아 연해주의 러시아 군항 블라디보스토크를 공격할 기지로 조선의 거문도를 점령한 것이다.[3] 이와 같이 영국의 세계 전략에서 러시아에 대한 공세적 작전으로 개시된 거문도 점령(1885.4~1886.12)은 조선이 러시아와의 연대를 기도하지 못하게 미리 억제함으로써 러시아의 동양 진출을 제어하는 효과도 거두었다.

묄렌도르프 저택

연려책과 그에 따른 영국의 거문도 불법 점령 등의 사태가 연발하며 영·러가 대립하자 청·일 양국은 크게 당황했다. 그리하여 청·일 양국은 러시아 세력의 남하 방지와 영국의 거문도 철수를 종용해 국제 관계의 긴장을 완화하는 데 함께 노력했으며, 특히 일본은 러시아 세력의 남하를 두려워했기 때문에 청과 제휴해 그 세력을 견제하려 했다. 청은 영국과 러시아의 대립이 격화되어 조선이 구미 열강의 세계적 각축장이 되면, 조선에 대한 우선권 상실로 동아시아 지역에서 세력이 축소될 것을 우려한 것이다.

같은 목적에서 일본 외무경 이노우에는 1885년 5월경에 청국 주재 공사 에노모토(榎本)로 하여금 8개조에 달하는 조선 정치개혁안을[4] 이홍장에게 전하라고 명했다.

그 내용을 보면 제3조 김홍집·김윤식·어윤중을 대신에 탁용해 국사를 위탁할 것, 제5조 미국인 가운데 유능한 자를 뽑아 묄렌도르프의 임무를 대행케 할 것, 제6조 현재의 주한 청 상무위인보다 재간이 뛰어난 청관을 발탁해 조선 국정을 탐지케 할 것, 제8조 청이 파견한 관리는 일본 서리공사와 더불어 사건이 있을 때마다 상의해 판리(辦理)케 할 것 등이 제시되었다. 이노우에의 의도를 보면, 청을 앞세워 조선 내정을 간섭하며 배후에서 청·조선 양국 관계를 조종하려 한 것이다. 이홍장은 이노우에의 제의가 타당하다고 인정했으나, 그것을 그대로 받아들이면 청·일 양국이 조선의 공동 종주국이 될 것을 우려했다. 그러므로 앞서 서술한 8조 가운데 묄렌도르프 교체와 주한 청관의 대체에만 중점을 두고 대조선 정책의 쇄신을 기도했다. 이홍장은 또한 고종이 무능해 민비와 그 일파에 의해 조종되고 있는 데 착안해 국정을 감시할 인물을 파견하는 것이 급선무라고 보았다. 이러한 관점에서 추진된 것이 대원군의 석방과 원세개의 파견이었다.

흥선대원군
천진 보정부에서 찍은 것으로 추정된다.

이홍장이 대원군을 귀국시키려는 데는 두 가지 이유가 있었다. 첫째, 민씨 일파의 정적인 대원군을 석방해 고종을 돕고 민비파의 천권(擅權)을 견제하는 것이며, 둘째, 조선의 정신들이 획책

고종 1884년

하고 있는 연러(聯露) 음모를 저지해 일본 세력을 암암리에 방어하는 것이었다. 그러나 대원군은 보정부(保定府)에 3년간 억류되어 있는 동안 심지가 변해 정치 문제에 간여할 뜻이 없었고, 다시 사건을 일으킬 여력도 없었다. 일본도 그러한 정황을 탐지했기 때문에 그의 회국(回國)을 종용했다.[5]

게다가 대원군은 원조고사(元朝故事)를 모방하여 감국대신을 파견함으로써 위기에 처한 조선의 국운을 회복시키고 고종과 민비의 망동을 규찰해 줄 것을 청 측에 요구할 만큼[6] 청의 대조선 적극책을 지지했으므로, 대원군에게 민비의 천권을 막게 함으로써 조선을 청의 번리(藩籬)로 굳게 결속시키고자 했다.

그리하여 이홍장은 원세개와 총병 왕영승(王永勝, 왕융성)에게 군함 비호호(飛虎號)와 진해호(鎭海號) 두 척에 각각 승선해 대원군을 호송하게 했다. 대원군 일행은 고종 22년(1885) 8월 25일 인천에

도착했다. 마침 그곳에 정박 중이던 러시아·영국·일본의 병함에서 사람을 보내 대원군의 귀환을 환영했을 뿐, 조선 정부의 영접은 보잘것없었다. 오후에 중사(中使)를 보내고, 도승지와 경기감사가 연이어 와서 영접했을 뿐이다. 그리고 대원군이 귀경한 전후 며칠 사이에 의심스러운 민비 일파의 옛 시종한 사람을 독살하고, 김춘영·이영식 등을 임오 난당으로 몰아 참형했다. 또 포교를 시켜 대원군의 옛 시종들을 수색했으므로, 10여 명의 시종들은 사방으로 흩어져 도망하고 말았다.7)

시해된 한국의 황후
김동진 할버트박사기념사업회 회장이 공개한 1898년 1월 9일 자 ≪샌프란시스코 크로니클(San Francisco Chronicle)≫에 실린 삽화로, 명성황후를 그린 것으로 추정된다.

이와 같이 대원군의 귀국을 계기로 민씨 일파가 암약하며 대원군의 세력 지반을 제거하고자 혈안이 되어 있었기 때문에 그는 두문불출할 수밖에 없었다. 게다가 원세개는 이홍장의 밀령을 받아 대원군에게 향리에 퇴거해 있으라고 권고했고, 대원군도 말썽을 일으키는 것을 원치 않아 은인자중(隱忍自重)했으므로 표면적으로 민씨 일파와는 평온을 유지할 수 있었다.8)

대원군이 귀국한 이래 그의 세력은 완전히 위축되어 재기불능 상태였다. 이홍장은 대원군을 석방하면 그가 민비 일파를 견제해 종전과 같은 전횡은 없을 것이라 보았으나 그의 예측은 어긋났다. 즉 연러책의 주동 인물인 묄렌도르프가 관직에서 물러나기는 했으나 여전히 고종과 민비 일파의 총애와 신임을 받고 있었고, 그와 한통속인 일부 신하들이 연러책에 대해 미련을 버리지 못하고 있었다. 게다가 러시아의 출병설마저 유포되고 있어 조선의 민심은 자못 흉흉했다. 이에 원세개는 먼저 대원군과 민씨 일파의 불화를 조정하는 한편, 1885년 9월 1일 김윤식을 만나 묄렌도르프가 계획한 연러책의 부당성을 통렬히 비난하고 청과 공수동맹을 맺는 것이 조선을 위해 필요불가결한 요건임을 강조하고,[9] 이른바 「적간론(摘姦論)」을[10] 작성해 고종에게 상소했는데 그 요지를 보면 다음과 같다.

> 러시아는 러·토전쟁에서 뜻을 이루지 못하자 동쪽으로 전향해 조선을 병탄하려고 한다. 청은 임오·갑신 양차에 걸쳐 변란을 평정했으나 속방의 내정·외교는 간섭한 일이 없다. 서양 제국(泰西諸國)은 녹봉을 세습할 뿐인데도 속국의 내정·외교는 물론이고, 재무의 징수까지 상국이 주관하고 있다. 따라서 이름은 국군(國君)이나 기실 수(守)·부(府)나 다름없다. 프랑스가 월남을 보호한다는 구실로 통상조약을 체결했으나 수개월이 지나지 않아 월남을 우롱하고 있는 것은 좋은 예다. 조·청 양국은 존망을 같이하는바, 조선이 만약 러시아의 침략을 받으면 청이 전력을 다해 구호할 것이다. 그리고 비록 러시아가 강대하다고 하더라

> 도 청·영·미·일 등의 제국이 공동 제휴해 방수(防守)한다면 도저히 당해내지 못할 것이다. 러시아가 조선의 유약함을 보고 기만하고 있으며, 인심을 선동해 사건을 만들려고 함은 난을 일으키는 원인이 되는 것이니 이 어찌 어리석은 일이 아니겠는가.

이렇듯 원세개는 연러책의 불이익을 설파하고 청과 제휴해 공동의 힘으로 러시아를 방비할 것을 역설했다. 그 후 9월 4일 필담 시에 원세개에게 설득된 고종은 그에게 청의 구원병을 수원에 주둔하도록 하여 러시아의 출병을 저지해 달라고 요청하기에 이른다.[11)]

이홍장은 원세개를 통해 대원군 귀국 후 조선의 정황을 살펴볼 수 있었다. 이홍장은 조선은 내우외환이 잇따랐고 조정의 논의가 무주견(無主見)하여 러시아의 간계에 빠지기 쉬우므로 유력한 청관을 파견해 국정을 보좌하게 해야 한다고 느꼈다. 더욱이 주한상무위원 진수당은 조선의 국정을 보필하고 주재할 재간이 없었기 때문에 그를 교체해야 한다고 생각하고 있었다. 그런 중에 원세개가 마침 임오·갑신의 양 변을 진압하는 데 크게 공헌한 데다, 대원군 수송차 조선에 갔을 때도 재기발랄하게 좌충우돌해 고종 이하 제신들의 주견을 청에 편향케 하는 데 공헌했다. 그리하여 이홍장은 진수당의 후임을 맡아 청병 철수 후[12)] 대조선 정책을 강력히 집행하는 데 원세개를 가장 적합한 인물로 보고 '주차조선총리교섭통상사의'의 직명과 아울러 3품형(三品銜) 승용도(升用道)의 상(賞)을 더해 1885년 10월 11일 조선에 부임하도록 한 것이다.[13)]

원세개가 재부임해 청일전쟁 후 도망하기까지 9년간 한반도의 정세는 청·일 양국의 철군과 영·러 양국의 긴장에 의해 잠정적으로 외세의 세력균형이 이루어진 기간이었다. 이러한 국제 정세를 배경으로 원세개에게 주어진 과제는 과거의 전통적 조공·책봉 관계를 이용해 청국의 조선 지배를 확립하고, 근대 국제법의 세계 질서 속에서 조선이 청의 실질적 속국임을 제도화하기 위해 조선에 대한 내정간섭 정책을 강화하는 것이었다.

한편 원세개가 추천되기까지는 배후에서 다수의 인사가 그를 지원했으므로, 마침내 이홍장도 그를 최적격자로 보게 된 것이다. 즉 오대징(吳大澂, 우다청)은 "공(公: 이홍장)이 그 전에 장건을 천하의 기재(奇才)라 일컬었는데 지금 알고 보니 장건이 아니고 사실은 원세개가 천하의 기재다"라고 하여 원세개를 재간이 뛰어나 중용할 만한 인물이라고 극구 칭찬했다. 이후 원세개의 명망은 점차 높아갔다.[14] 이와 더불어 종숙 원보령과 이홍장의 인연은 원세개의 중용에 더 힘을 보탰을 것이다. 원보령은 이홍장 밑에서 7년간(1882~1889)이나 여순항(旅順港) 방위의 책임을 맡고 있었기 때문에 그의 종질(從侄)인 원세개를 이홍장에게 힘써 추천했을 것으로 짐작된다.[15]

오대징

이홍장이 원세개를 조선에 파견해 국정을 감시하게 한 데는 다음과 같은 이유가 있는 것이라 생각한다. 우선 일본의 이노우에 가오루가 청의 대조선 적극책을 종용해 재간이 뛰어난 자의 조선

광서제

파견을 권고했고, 대원군 또한 감국 대신을 파견해 국운을 지탱하게 할 것을 청한 바 있었다. 게다가 원세개가 갑신정변 전에 두 차례에 걸쳐 고종의 정치가 미진하여 사직이 위험하기 때문에 청국이 감국(監國)을 주관할 것을 요청한 일이 있었다.[16] 그리하여 이홍장은 자신의 정책을 수행할 능력이 있고 조선을 청에 종속시켜 청의 주도로 대외 관계를 유지해 나갈 인물을 파견하는 것이 긴급하다고 보았다. 그러한 능력을 지닌 인물로 선택한 것이 다름 아닌 원세개였다. 이홍장은 광서제에게 원세개의 조선 파견을 다음과 같이 주청했다.

> 조선은 변란이 빈발하고 있어 국가를 유지하고 구호할 능력이 없습니다. 조선 왕이 비록 청조의 덕을 감사하고 있으나 안으로 추향(趨向: 대세를 좇아감)이 불일(不一)하여 강한 이웃나라를 끌어들여 자국을 보호하려 합니다. 왜병이 겨우 철회했는가 했더니 러시아 대사가 이내 들어왔습니다. 신(臣: 이홍장)이 지혜를 다해 심복에 관한 것을 대주(代奏)했지만 그것이 선책이었다고 볼 수 없습니다. 그러나 불가불 힘껏 구보(救補)하지 않을 수 없습니다. 일분의 구보가 있으면 곧 일분의 이익이 있습니다. 원세개는 족지다모(足智多謀)하여 조선의 외서정신(外署廷臣)들과 일찍부터 연락이 있었으므로 사건이 일어난다면 그것을 만회하고 광정(匡正)하는 데 힘입는 바가 클 것입니다.[17]

요컨대 이홍장은 원세개가 능소능대하고 지모가 뛰어날 뿐만 아니라 이미 공을 세워 성망을 떨치고 있으므로 조선 파견에 최적의 인물이라고 보았다. 비록 원세개가 나이가 적고 호사가이기는 하지만, 매사에 적극적이어서 자신의 대조선 정책을 대행하는 데 어긋남이 없으리라는 지인지감(知人之鑑)에서 그를 추천했다고 볼 수 있다.

2. 한러밀약설과 그 대응책

원세개는 조선에 부임한 9년간(1885~1894) 조선의 국정을 참견하며, 이홍장이 입안한 정책을 충실히 수행했는데, 먼저 한러밀약설을 둘러싼 내정간섭의 실상과 아울러 조선을 둘러싼 국제 관계의 정황에 대해 살펴보겠다.

원세개는 부임하자마자 인천·부산·원산의 개항장에 분판상무위원(分辨商務委員)을 배치해 세관 수입을 감독케 하고, 상업을 진흥하는 일에 힘을 기울였다.[18] 이에 앞서 이홍장은 묄렌도르프의 후임으로 헨리 메릴(Henry F. Merill, 墨賢理)을 천거해 1885년 9월부터 세관 업무를 담당케 했고, 묄렌도르프가 맡고 있던 외교·교섭 사무의 후임으로 미국인 오언 데니(Owen N. Denny, 德尼)를 조선에 파견해 다음 해 3월부터 집무를 보게 했다.[19] 그리하여 고빙된 외국인에게 권력을 분산시켜 전권(專權)으로 야기되는 폐단을 막으려 했다. 이와 때를 같이하여 총세무사 및 외교협판식에서 물러나 전환국(典圜局) 총재직에 앉아 있던 묄렌도르프를 파직하고, 천진으로 귀환시켜 후환을 없애려 했다.[20] 또한 반청·친러의 요소를 색출해 반대 세력을 몰아내는 데 힘썼으며, 사대당의 영수인 김홍집 등과 결탁해 고종과 민비를 비롯해 여러 신하를 감시했다. 그러나 원세개의 노력에도 반청 운동, 곧 친러책은 종식되지 않았다.

원세개는 대조선 적극책에 편승해 조선에서의 세력 기반을 닦았다. 한때 고종은 원세개를 '공렴명달(公廉明達)'한 사람이라 칭찬했고,[21] 이홍장에게 서신을 보내어 그를 파견해 국정을 보좌케 할 것을 요청할 정도로 그에게 호감을 가졌던 게 사실이다.[22] 그러나 원세개가 부임한 다음 내정간섭이 심하고 권력이 의외로 커지자, 원세개를 배척하려는 마음이 점차 짙어졌다. 더욱이 원세개의 부임에 전후해 러시아 공사 카를 웨베르(Karl Ivanovich Weber, 韋貝)가 한성에 부임해 오자, 민비 일파는 원세개의 압력을 제거하기 위해 러시아 공사와 결탁해 고종을 충동함으로써 반원(反袁) 운동이 표면화되었다. 이러한 운동이 이른바 제2차 한러밀약설[23]이라는 것이다.

제2차 한러밀약설은 그 진위가 불분명하다.[24] 그런데 그러한 풍설이 떠돌아 한때 조선 정계는 물론이고, 청·일 양국에까지 파급되어 국제 관계를 긴장케 한 것이 사실이다. 그 내용을 살펴보면 다음과 같다.

민비는 청이 그의 정적인 대원군을 석방하고, 원세개를 파견해 자신들을 감시하게 했으므로 청에 대한 원망이 컸다. 이때 조선 정부의 일부 관료들이 러시아 공사관과 궁정에 출입하면서 민비가 웨베르 아내와 교제하도록 주선했다. 고종과 민비를 자주 만나면서 웨베르는 그들의 환심을 샀다. 그러자 친러파들이 민비를 자극해 러시아와 결탁하여 청에 항거할 계획을 꾸민 것이다. 마침내 조존두(趙存斗)·김가진(金嘉鎭)·김학우(金鶴羽) 등이 내외에 연락해 고종 23년(1886) 7월 초에 러시아 공사에게 편지를 보내 러시아의 개입을 호소하기에 이른다.[25]

원세개는 이 사건을 재빨리 탐지하고[26] 러시아 공사가 본국에 타전하는 것을 저지하는 한편, 이홍장에게 타전해 러시아군이 도착하기 전에 청의 수군(水軍)을 빨리 파견하도록 청했다.[27] 며칠 뒤 그는 조선의 여러 대신과 영사(營使)를 관저에 불러 연회석상에서 날조한 전보를 여러 사람들에게 보였다. "문죄(問罪)차 금주(金州) 72영이 오늘 정오에 승함(乘艦)하여 고려 왕경(王京)으로 떠난다."[28]

원세개는 이와 같이 연극을 꾸미는 한편, 고종을 알현해 "청국군이 곧 올 터이니 간신들을 빨리 없애라"고 위협했다. 그리고 민영익이 그를 만나러 내방했을 때도 '민비가 연러책을 총괄해 계략을 꾸몄고 이에 따라 러시아 군사가 조선의 북경 경계 지방 점령을 기도·획책했으니 마땅히 청의 문죄를 받아야 한다'는 요지로 엄히 문책했다. 이에 따라 조선에서는 러시아군과 청군이 교전한다는 풍문이 떠돌아 민심이 자못 흉흉해졌다. 그러자 고종은 4영의 친군을 이동시켜 경계하게 하고, 연러책을 제안한 혐의로 김가진·조존두 등을 하옥시켰을 뿐만 아니라 영상 심순택, 우상 김홍집 등을 원세개에게 보내어 연러 문제는 고종이나 정부와 무관하며, 소인들이 날조한 것임을 밝혔다.[29]

이렇듯 원세개는 사소한 사건을 고의로 침소봉대한 것이다. 그가 사건을 확대시켰던 것은 청의 대조선 정책을 견지하고, 아울러 자기 자신의 공명심을 높이려는 뜻도 있었을 것으로 보인다. 이상에서 살펴본 것처럼 날조 전보로 조정 대신들을 위협한 것은 조선을 능멸하고 종주국으로서의 청의 위치를 강하게 부각해 자기 행동을 합리화하려고 한 것이다. 주한 각국 공사들이 원세개를 일컬어 "오만한 기세로 거들먹거리면서 한정(韓廷)을 위협하고 있습니다"라고 지적한 것은 바로 이런 사실을 말해주는 것이다. 그리고 그가 모의한 국왕 폐위 문제를 보더라도 그의 행동이 얼마나 방자하게 조선을 능멸하고 모욕하고 있었는지를 명백히 증명한다. 즉 그는 이홍장에게 전보를 보내 다음과 같이 청했다.

이러한 혼군(昏君)을 신속히 폐하고 이씨 가운데 현명한 사람을 뽑아 새로운 왕으로 영립한 다음, 병사 수천을 파한(派韓)케 함으로써 인심을 수습하고 각국의 원망과 비방을 해소시킬 수 있습니다.[30]

그 후에 다시 다음과 같이 호언장담했다.

신민(臣民)이 서로 싸우고 온 나라가 들끓고 있는 이때에 만약 병사 500명만 있으면 가히 국왕을 폐하고 군소(群小)를 납치하여 천진에서 신문·조사케 하겠습니다.[31]

그러나 원세개의 호언은 한낱 허장성세에 불과했고 고답(高踏)

적인 자세로 조선 정부에 군림해 조선의 군신을 위협하고 제압하려는 술책이었다. 당시 국제 정세로 보아 조선 국왕의 폐립이나 파병이 쉽지 않았기 때문이다. 더구나 원세개의 전보를 받고 이홍장이 러시아 주재 중국 공사 유서분(劉瑞芬, 리우뤄펀)에게 물어본 결과, 러시아 정부에서는 밀서를 접수한 사실이 없다고 했으며, 조선 정부에서도 이 같은 사실에 대해 전혀 아는 바 없다고 부인했다.[32] 그리고 파병도 소홀히 다룰 문제가 아니었다. 각국이 청의 파병에 동의하지 않을 것이 분명했고, 특히 일본이 '천진조약'을 내세워 힐책할 것은 불 보듯 뻔한 사실이었다. 또한 원세개가 폐립을 주장한 것은 대원군에게 의지하는 바가 컸으나 대원군은 이미 고립되어 폐립을 성원할 만한 세력이 없었고, 밀서 사건이 조선 정부와 무관한 것으로 밝혀진 이상 함부로 국왕을 폐립할 수 없었다. 다만 러시아 파병설에 자못 긴장하고 있었기 때문에, 청은 출병 준비에 만전을 기하고 조선 근해에 군함을 순항케 하여 사태 변화를 예의 주시했다.[33] 그리고 조선은 외무협판 서상우(徐相雨)와 전환국 방판(典圜局 幇辦) 이응준(李應俊)을 청에 파견해 이번 사건을 해명하게 하는[34] 한편, 밀약 문건은 금후 폐지화한다는 점을 주한 각국 공사관에 조회 통지하고 성명을 발표함으로써 이 사건은 일단락되었다.[35]

원세개는 이 사건을 계기로 독무대에 오른 듯이 권력을 행사할 수 있었고, 조선에 그를 대적할 사람이 없었기 때문에 더욱 방자해졌다. 여기에는 여러 국가가 서로를 견제하는 가운데 세력균형이 이루어지면서 청의 조선 경영이 유리해졌다는 외교상의 뒷받침도 있었다. 즉 영국·일본·러시아 3국이 상호 견제했고, 특히 영국과 러시아 양국은 아프가니스탄에서의 충돌 이래, 조선에서 다시 첨예하게 세력 경쟁을 벌이는 형세였다. 영국은 제1차 한러밀약설이 퍼지자 재빨리 조선의 거문도를 점령해 러시아의 남하를 견제했다. 그리고 앞서 말했듯이 일본도 러시아의 남하를 우려하여 종래의 배화정책(排華政策)을 완화해 청을 도와 러시아에 대비하고 있었다. 따라서 러시아는 조선에 진출할 기회를 얻지 못했고, 제2차 한러밀약설까지 극력 부인하며 자국의 입장을 변명하기에 급급했다.

이와 같이 국제 정세가 긴박해 상호 세력 견제에 여념이 없을 때, 청만이 홀로 종속관계를 내세워 대조선 적극책을 취했다. 반면 영국·일본·러시아 3국은 대조선 관계에서 현상 유지를 원해 그 이상의 각축을 피하려는 태도를 보였다. 이는 곧 청의 대조선 정책을 묵인하는 것이나 다름없었다.

3. 조선 내정·외교 간섭

제2차 한러밀약설이 유포되고 원세개의 국왕폐위론이 일어나자 조선 정부의 기력이 크게 꺾였으며 거의 사사건건 원세개의 지도와 간섭을 받게 되었다. 원세개는 '조선총리교섭통상사의'의 직함을 달고 있어 표면적으로는 외교 공사(公使)와 같은 외교 사절이 아니라 통상 교섭을 전담하는 사절이었다.

통상과 교섭(외교)은 1860년대 이후 증국번·이홍장 등 청국의 양무파(洋務派) 관료들이 전개한 "서양의 방법을 빌려 중국의 자강을 도모한다(借法自强)"는 양무운동의 실제 내용이었으므로, 이홍장 휘하의 양무 관료인 원세개는 조선의 양무자강(洋務自强)을 지도한다는 명분으로 부임한 것이다. 그러나 실상은 보호국을 다루듯이 조선의 내정 전체를 지배하고자 전횡했던 것이다.

국제 관계의 미묘한 정황 속에 조·청 관계를 유지하려는 이홍장의 외교정책은 원세개와 같이 지혜롭고 계략이 넘치는 인물이 아니고서는 전개할 수 없는 것이었다. 원세개에 앞서 진수당이 총판조선상무로 조선에 와서 통상무역의 제반 사무를 관장하고 있었으나, 무능해 통상 업무조차 제대로 수행하지 못했다. 그리고 진수당 재임 시에는 오장경과 오조유가 차례로 주한 청군을 통솔하며 조선에 주둔하고 있었으므로 군사력이 뒷받침되고 있었지만, 진수당의 후임으로 원세개가 조선에 왔을 때는 '천진조약'에 근거해 청·일 양군이 모두 철수한 뒤였다. 이런 상황에서 원세개는 조선의 정치와 외교는 물론이고, 청상의 경제 활동을 활성화하는 등 대조선 경제 정책의 중임까지 담당했다. 비록 영국·러시아의 각축으로 인해 청의 종주권 행사가 용이했다고는 하나, 적임자가 아니면 중책을 맡을 수 없는 자리였다. 이홍장은 원세개가 조선의 신하들과 긴밀한 유대 관계를 맺고 있고, 임오·갑신의 양 변을 겪는 동안 보여준 수단과 활동으로 판단할 때, 조·청 관계를 부지하는 데 적격자로 보아 조선 경영을 일임하게 되었던 것이다. 따라서 원세개는 부임 이후 청의 대조선 정책을 실행했고, 다만 형식적으로 외교 문제의 결정권을 이홍장이 관장하고 있었을 뿐이다.

갑신정변이 발생했을 때나 한러밀약설이 유포되었을 때 원세개는 단독으로 조치를 취해 사건을 매듭짓고, 그 결과를 이홍장에게 보고한 것이다. 이홍장에게서 사전에 훈령을 받은 적이 없었다는 것은 이를 입증한다. 이렇듯 원세개는 조선 경영의 대권을 장악하고 조선의 내정에 군림했다.

원세개가 조선 외교에 간여한 사례는 외국 주재 공사 파견에서 확인할 수 있다. 고종은 1887년 6월경에 박정양(朴定陽)을 주미 공사로, 심상학(沈相學)을 주영국·독일·러시아·벨기에·프랑스 등 5개국 공사로 임명해 해당국에 주차하게 했다. 외국 주재 공사의 파견 문제는 데니[36]와 민영익의 건의에 따른 것으로, 이들은 원세개의 횡포에 큰 불만을 품고 있어 외국 주재 공사를 독자적으로 파견함으로써 청의 종주권에 도전하려고 했다.[37] 구미 열강과 제휴해 종속관계를 끊으려고 한 것이다. 그러나 이러한 시도는 원세개와 청 정부가 밀접히 연계되어 있던 당시로서는 불가능한 것이었고, 도리어 이를 계기로 종속관계가 한층 강화되는 결과를 빚었다.

원세개는 조선의 공사 파견이 결정되자 즉시 이홍장에게 보고했고, 이홍장의 명령에 따라 조선 공사와 청국 공사 간에 일종의 격식을[38] 갖추게 함으로써 종주국의 체면을 유지하려고 했다. 한편 그는 공사 파견에 앞서 그 사실을 청 정부에 상의·보고해야 하는데도 사전에 상의하지 않았다는 이유로 조선 정부를 엄중히 힐책했고 공사 파견의 중지를 요구하기도 했다.[39] 그러나 청의 권도(勸導)로 구미 제국과 입약통상(立約通商) 했으며 조약에 의거해 공사를 파견하는 만큼 청이 이를 방해할 근거는 전혀 없었다. 그뿐만 아니라 미국에서 파견한 주한 공사 H. A. 딘스모어(H. A.

Dinsmore)와 주청 공사 G. 덴비(G. Denby)도 이 사실을 지적하고 청의 공사 파견 간섭의 부당함을 통렬히 비난했다.[40)]

그런데 청 정부의 견해를 살펴보면 조선과 구미 제국 간의 공사 내왕을 간섭하려는 것이 아니라, 단지 조선이 속방 체제를 준수하지 않는 것을 힐책하는 데 불과해, "종속관계에서 응당 행해지는 일이므로 각국은 하등 간섭을 할 수 없다"[41)]라는 태도를 견지했다. 그 후 조선 측에서 공사 파견에 앞서 상의하지 않은 것을 사과하고 공사 파견을 간청했으므로, 청은 허락하되 조선의 외국 주재 공사가 준수해야 할 '준칙3단(準則三端)'[42)]을 제시하며 그 이행을 강요했다.[43)] 그 내용은 다음과 같다.

① 한사(韓使)는 먼저 주차국(駐箚國)인 청(淸) 공사를 방문하고, 그를 대동해 외부에 갈 것
② 공사 연회에 한사(韓使)는 청사(淸使) 뒤에 앉을 것
③ 중대 교섭 사건은 청사와 미리 상의할 것

청 정부는 명분론에 입각한 종속 체제의 질서유지를 위해 이와 같은 의례를 강요함으로써 종주국의 체면을 지키고자 했다. 요컨대 지모와 계략이 뛰어난 원세개를 기용한 덕에 청의 종주권이 구현되고, 종속관계가 더욱 강화될 수 있었던 것은 말할 나위도 없다. 그는 공사 파견 문제에서 크게 활약해 청의 위신을 높였을 뿐 아니라 때때로 조선 정부의 동태를 이홍장에게 상세히 보고해 이홍장과는 표리일체가 되어 조선을 종속관계에서 벗어나지 못하게

했다. 공사 파견 문제를 간섭한 것에 주청 미국 공사가 항의하자 속방 체제를 구실로 이를 물리쳤다.[44)]

원세개의 이와 같은 좌충우돌의 활약은 조선에 큰 타격을 안겨주었다. 이미 서양 5개국 주재 공사로 임명된 심상학은 병이 있다는 핑계로 부임을 거부했고, 후임으로 임명된 조신희(趙臣熙)도 부임 도중 홍콩(香港)에 체재했다가 원세개의 압력을 받아 사임했으며, 박정양도 회국을 재촉받아 귀국하고 말았다.[45)] 원세개가 조선에 주재하던 동안, 조선의 공사 파견은 원세개의 제지로 좀처럼 실현될 수 없었다. 원세개는 주미 공사 박정양이 부임한 후 이른바 '준칙3단'을 이행하지 않았다는 이유를 들어 박정양이 귀국하자 조선 정부를 핍박해 엄중한 징계를 내리도록 했다.[46)]

이와 같이 조선 정부에 대한 원세개의 영향력은 거의 절대적이라 할 수 있었다. 물론 그의 배후에는 청의 외교·통상을 전담하던 북양통상대신 이홍장의 지지가 있었다. 원래 원세개는 3년 기한으로 '조선총리교섭통상사의'직에 부임했던 것이나 이홍장에 의해 세 차례나 유임되어[47)] 9년간 조선에 체류했다.

원세개는 지나친 전횡과 월권으로 조선 국왕과 주한 외교사절들의 미움을 샀다. 고종과 데니 등이 원세개의 면직을 이홍장에게 간청했으나[48)] 그때마다 거절당했다. 이홍장이 그의 유임을 주장한 근거는 "상국(上國)의 체통을 유지하고 조선을 조종해 배반하지 않게 하는 데" 있었다.[49)] 원세개가 조선 사정을 숙지하고 고종과 조정 신하들을 견제·조종해 대국을 비익(裨益)하게 하는 유익한 인물이라는 것이다. 더구나 이홍장은 원세개의 조선 부임 이후 행적을 다음과 같이 말했다.

> 종속국이 주제넘게 함부로 행동하는 것을 막고, 밖으로 열강이 호시탐탐 엿보는 것을 막아 해국(該國) 군신으로 하여금 충성을 다하게 했고, 이해·향배를 심사·선택할 줄 알았으며 중요 사건이 있을 때마다 심신을 다해 대책을 협의해 수시로 위기를 막고 보필해 이익됨이 크다.[50]

이홍장의 원세개에 대한 신임은 대단했다. 그리하여 원세개는 종주국의 절대적인 권위를 배경으로, 조선의 내정에 간섭하게 된 것이다. 연소기예(年少氣銳)하여 때로는 크게 물의를 일으켜 이홍장의 책망을 받기도 했으나,[51] 청의 대조선 정책이 별다른 장애 없이 수행된 것은 오로지 원세개의 역량에 힘입은 바였다.

끝으로 1890년 4월 조대비(趙大妃)가 흉거(薨去)하자 청에서 칙사를 파견해 조상하는 것을 거론했다. 이에 조선은 경비를 부담하기 곤란하다는 이유로 칙사 파견을 중지해 주길 요청했다.[52] 그러나 원세개는 요청을 거절하며 칙사의 경비를 청이 부담해 강행하겠다고 했다. 이에 맞서 데니와 샤를 르장드르(Charles W. Le Gendre, 李仙得)가 칙사를 영접하기 위해 국왕이 출영(出迎)하는 허례를 금할 것을 권했다. 그러나 원세개는 국왕의 출영이 없으면 입성치제(入城致祭)를 할 수 없다고 위협하고 겁을 줌으로써 부득이하게 구례(舊禮)에 따라 국왕이 교외에서 영접하게 했다.[53] 그뿐 아니라 원세개는 조대비 장례식 발인 때 미국 해병의 참렬(參列)까지도 반대했다.[54]

주

1) 『容菴弟子記』, p.15: "公旣憤韓之王闇妃專淮將之怯懦庸劣 難與共事 又將議與日本同撤兵慮遲去韓人必百計攀留 遂決計乞退 適牛太夫人偶有不適 乃以乞假歸省之意 告吳公"이라 하여 우태부인(牛太夫人)의 발병을 계기로 물의를 일으켰다고 하면서 귀국을 청원했다고 했으나, 청 조정에서 이미 그의 귀국을 종용했을 것으로 보인다.

2) 『中日交涉史料』 卷8(385), 軍機處奏進呈徐承祖與日本外部井上馨問答等件片(光緒 11年 5月 29日 洋務檔), 附件一 徐承祖與日本外部井上馨問答(390), 軍機處奏進呈李鴻章信函等件片(光緒 11年 6月 9日 洋務檔), 附件四 朝鮮統署與俄參贊談草.

3) 김용구, 『거문도와 블라디보스토크: 19세기 한반도의 파행적 세계화 과정』(서강대출판부, 2009), 56~69쪽.

4) 『中日交涉史料』 卷8(385), 軍機處奏進呈徐承祖與日本外部井上馨問答等件片(光緒 11年 5月 29日 洋務檔), 附件四 李鴻章信, 附件五 日使榎本武揚抄呈之該外務卿井上來信; 『李文忠公全集譯署函稿』 卷17, 日本公使榎本武揚鈔呈外務井上函(光緒 11年 5月 23日附) 등.

5) 『李文忠公全集譯署函稿』 卷17, 條議朝鮮事(光緒 11年 6月 初6日)에 "釋回李昰應 前榎本詢及 竝出示外務井上來函謂 李昰應素有才幹 但不喜外交如果心志已變 不再生事 回助國王 實爲良策云云"이라고 기록되어 있다.

6) 『李文忠公全集譯署函稿』 卷17, 議赦還李昰應(光緒 11年 6月 27日)와 李昰應與候補道許鈐身密談節略(光緒 11年 6月 23日) 참조.

7) 『中日交涉史料』 卷9(407), 軍機處奏錄呈李鴻章送到王永勝等稟函各件片(光緒 11年 9月 16日), 附件一 王永勝奏世凱上李鴻章稟, 附件二 袁世凱上李鴻章

稟, 附件三 陳樹棠上李鴻章稟;『日省錄』, 乙酉 8月 26日, 27日, 28日 등.

8) 『中日交涉史料』 卷9(409), 軍機處奏錄呈李鴻章函件片(光緖 11年 9月 22日 洋務檔), 附件三 袁世凱來稟;『日省錄』, 乙酉 8月 27日 등.

9) 『中日交涉史料』 卷9(408), 軍機處電寄李鴻章論旨(光緖 11年 9月 8日 電寄檔);『中日交涉史料』 卷9(409), 附件四 袁世凱與朝鮮執政諸臣筆談節略.

10)『中日交涉史料』 卷9(409), 附件五 袁世凱摘姦論.

11)『中日交涉史料』 卷9(409), 附件五 袁世凱摘姦論, 「九月初四日謁見國王筆談」.

12) 광서 11년(1885) 3월 4일에 이홍장과 이토 히로부미 간에 체결된 '천진조약' 제1조에 보면 "조선에 주찰(駐紮)하는 청·일 양국 군대는 본 조약 화압개인(畵押蓋印)한 날로부터 4개월 이내에 철회(撤回)한다"는 규정에 따라 청군은 같은 해 6월 10일 마산포로부터 여순으로 옮겨 갔다.

13)『李文忠公全集奏稿』 卷55, 派員接辨朝鮮事務摺(光緖 11年 9月 21日);『李文忠公全集譯署函稿』 卷17, 議駁徐孫麒條陳竝派袁世凱駐朝鮮(光緖 11年 7月 28日);『中日交涉史料』 卷9(410), 李鴻章奏派同知袁世凱接辨朝鮮交涉通商宜摺(光緖 11年 9月 21日); 舊韓國外交文書 第8卷, 『淸案 1』(451), 「袁世凱의 朝鮮總理交涉通商事宜關防祗受에 關한 照會」, p.279; 舊韓國外交關係附屬文書 第三卷, 『統署日記』 1(高宗 22年 乙酉 10月 初10日), p.287.

14)『容菴第子記』 卷1, p.32.

15) Arther W. Hummel(ed.), *Eminent Chinese of Ch'ing Period*, Vol.2(1944), p. 950.

16)『中日甲申戰爭之外交背景』, p.101.

17)『中日交涉史料』 卷9(410), 「李鴻章奏派同知袁世凱接辨朝鮮交涉通商事宜摺」(光緖 11年 9月 21日), 附件一 李鴻章奏袁世凱出使朝鮮請隆其位望藉資坐鎭片.

18)『統理交涉通商事務衙門日記』 第7册, 高宗 乙酉 10月 21日, 袁館照會;『淸

案 1』(453), 高宗 22年 10月 21日條, 仁川·釜山商務委員更迭에 關한 照會.

19) 『李文忠公全集譯署函稿』 卷17, 「籌換穆麟德」(光緒 11年 7月 12日); 『李文忠公全集譯署函稿』 卷17, 「致朝鮮國王」(光緒 11年 8月 16日); 『日省錄』, 高宗 乙酉 9月 7日 및 同書 高宗 丙戌 3月 5日條.

20) 『統理交涉通商事務衙門日記』 第7冊, 高宗 乙酉 10月 20日; 『李文忠公全集譯署函稿』 卷18, 「籌議朝鮮事」(光緒 11年 9月 19日), 「覆朝鮮國王」(光緒 11年 10月 初2日); 『李文忠公全集電稿』 卷6, 「寄譯署」(光緒 11年 10月 16日, 21日).

21) 『李文忠公全集奏稿』 卷50, 「代奏朝王謝摺」(光緒 10年 閏5月 初7日) 同附件 朝鮮國王原咨에 보면, "然而尙有三營仍留善後 會辦防務袁中書世凱公廉明達 君民孚悅"이라 하여 고종은 원세개를 칭찬하고 있다.

22) 『李文忠公全集奏稿』 卷55, 「派員接辨朝鮮事務摺」(光緒 11年 9月 21日)에 보면 "昨接朝鮮王來函 亦敦請該員在披襄助"라고 기록되어 있고, 또 『容菴弟子記』 卷1, p.40에도 동일한 내용이 기록되어 있다.

23) 제1차 한러밀약설에 관한 것은 최영희, 「구미세력의 침투」, 『한국사』 16, 636쪽.

24) 최영희, 「구미세력의 침투」, 839쪽. 제1차 한러밀약설에서는 김가진·김학우 등이 총리내무부사 심순택의 명의로 문안을 작성해 밀서를 만든 장본인이라 했다. 그런데 박준규(朴俊圭) 교수는 「국제관계의 다변화와 청한종주권」에서 제2차 한러밀약설에 관한 서술에서 제롬 첸의 *Yuan shih-k'ai*의 p.21, 22, 36, 37과 『中日交涉史料』(上冊)의 p.135 등을 참조해, 이 사건의 주모자는 서울 주재 영국 총영사 바버(Barber)로, 영국의 거문도 사건은 러시아 세력을 제거하려는 목적에서 나온 연극이었다고 한다.

25) 밀서 내용의 요지를 보면 "폐방(敝邦)은 독립 자주국인데도 불구하고 타국의 할제(轄制)를 받아 세력을 펴지 못하고 있다. 귀국과는 돈목(敦睦)해 타국이 귀 정부에 품고(稟告)하여 폐방을 갈력보호(竭力保護) 하고, 또 병함을 파견해 상조(相助)함으로써 국력을 진흥하게 하기를 바라는 바이다"

라고 했다. 『李文忠公全集 海軍函稿』 卷2(이하 『李海』), 「袁道來電」(光緒 12年 7月 14日); 최영희, 「구미세력의 침투」, 640쪽.

26) 민영익은 한정(韓廷)이 러시아 공사 카를 웨베르(Carl Waeber)와 은밀히 논의하는 것을 보고, 비록 그가 민비의 척족이지만 연러책에 찬성하지 않았으므로 그 사실을 곧 원세개에게 밀고했다. 따라서 원세개는 주한 외국 공사 중에서 가장 먼저 이 사실을 알게 되었다.

27) 『李海』 卷2, 「袁道來電」(光緒 12年 7月 14日); 『李海』 卷2, 「籌朝鮮私叛」(光緒 12年 7月 15日).

28) 『中日甲午戰爭之外交背景』, p.103.

29) 『中日甲午戰爭之外交背景』.

30) 『李海』 卷2, 「袁道來電」(光緒 12年 7月 初7日).

31) 『李海』 卷2, 「袁道來電」(光緒 12年 7月 初21日).

32) 『李海』 卷2, 「袁道來電」(光緒 12年 7月 23日); 『李文忠公全集譯署函稿』 卷18, 「論朝鮮辨誣 」(光緒 12年 8月 初8日) 附錄 朝鮮照會; 『淸案 1』(518), 「俄國保護를 要請하는 公文捏造에 대한 秘密照會」(高宗 23年 7月 18日).

33) 『李文忠公全集電稿』 卷7, 「寄長崎交中國水師提督丁琅」(光緒 12年 7月 27日).

34) 『高宗實錄』, 高宗 丙戌年 8月 13日條.

35) 『李文忠公全集譯署函稿』 卷18, 「朝鮮咨文」(光緒 12年 8月 18日), 「與朝鮮徐相雨筆談節略」(光緒 12年 8月 20日); 『中日交涉史料』 卷10(477), 「禮部奏朝鮮力辨竝無寄俄文憑據咨轉奏摺」(光緒 12年 8月 29日), 附件 一 朝鮮國王咨會竝無寄俄文憑來文.

36) 『日省錄』, 高宗 24年 丁亥 6月 29日條; 『統理交涉通商事務衙門日記』 第13冊, 高宗 丁亥 6月 29日條; 崔泳禧, 「구미세력의 침투」 중 '미국인고문관의 활약' 등.

37) 『中日交涉史料』 卷10(542), 「北洋大臣來電」(光緒 13年 7月 2日)에 보면

"前有小人獻策 須派公使分住各國 乃能全自主體面 德尼(Denny)亦屢勸王" 이라 있고, 『李文忠公全集電稿』 卷8, 「寄譯書」(光緖 13年 8月 初4日)에는 "近見王與泳翊(閔泳翊)電商派使事甚多 此必泳翊主之"라 하고 있다.

38) 『李文忠公全集電稿』 卷8, 「寄朝鮮袁道」(光緖 13年 7月 26日)에 보면 "朝鮮派住之員與中國駐紮大臣 公事交涉應用呈文往來用銜帖 中國欽使遇有公事行文朝鮮駐使用硃筆照會 以符向章體制"라 하여, 조선 공사가 청 공사에 교섭사(交涉事)가 있을 때 정문(呈文)·함첩(銜帖)을 써야 하고 청 공사가 조선 공사에 대해서는 주필조회(硃筆照會)를 써야 한다고 했다. 『淸案 1』 (640), 「泰西各國에 駐在하는 朝中兩國使臣間의 交涉體裁核定에 關한 件」 (高宗 24年 7月 26日).

39) 『李文忠公全集電稿』 卷8, 「寄譯書」(光緖 13年 8月 初2日); 『中日交涉史料』 卷10(558), 「收北洋來電」(光緖 13年 8月 初2日); 『中日交涉史料』 卷10(561), 「軍機處寄李鴻章電信」(光緖 13年 8月 7日).

40) 『中日交涉史料』 卷10(566), 「北洋大臣來電」(光緖 13年 8月 13日).

41) "종속관계에서 응당 행해지는 일이므로 각국은 하등 간섭할 수 없다[分內(從屬關係) 應行之事 各國毫無干涉]." 이것은 임오년(1882)에 조선이 미·영·독 제국과 수호조약을 체결한 다음 별편(別片)으로 상기 각국에 송부한 조회문의 일부이다.

42) 舊韓末 外交文書, 『淸案 1』(600), 「泰西各國駐劄朝鮮公使의 屬邦體裁에 關한 三個條遵守事項提出」(高宗 24年 9月 23日); 『中日交涉史料』 卷10 (576), 「禮部奏朝鮮請准派使泰西各國據咨轉奏摺」(光緖 13年 9月 3日), 附件一 朝鮮國王奏請准派使泰西各國摺; 『淸案 1』(578), 「北洋大臣來電」(光緖 10月 24日)에 보면, 조선 공사가 준수할 준칙3단을 명시하고 있다.

43) 『淸案 1』(680), 「駐美公使朴定陽의 屬邦關係三個條不履行에 對한 抗議」 (高宗 24年 12月 1日); 『淸案 1』(683), 「駐美全權朴定陽과 五國全權趙臣熙에 對한 三條遵守의 指令要求」(高宗 24年 12月 2日); 『淸案 1』(685), 「駐美全權朴定陽의 三個條 不遵에 對한 抗議」(高宗 24年 12月 3日); 『淸案

1』(688), 「五國全權趙臣熙에게 三個條遵行事禮飭促求」(高宗 24年 12月 5日); 『淸案 1』(699), 「國全權趙臣熙에게 三個條遵行事禮飭促求」(高宗 24年 12月 9日); 『淸案 1』(715), 「駐美公使朴定陽의 定章違反에 對한 回報督促」(高宗 24年 12月 18日; 『淸案 1』(718),「朴定陽의 定章違反에 對한 李鴻章의 電文」(高宗 24年 12月 23日).

44) 『日省錄』, 高宗 24年 7月 29日; 『統理交涉通商事務衙門日記』 第13册, 高宗 24年 7月 29日條.

45) 『淸案 1』(828), 「駐美朝鮮使臣朴定陽에 對한 詰明各節의 回報催促」(高宗 25年 9月 18日); 『淸案 1』(838), 「駐美朝鮮使臣朴定陽의 還國日時通報要請」(高宗 25年 9月 28日); 『淸案 1』(843), 「朴定陽還國日時의 從實回報要求. 高宗 25年 10月 7日條」; 『中日交涉史料』 卷11, 「北洋大臣來電 二」(光緖 16年 1月 13日).

46) 『淸案 1』(898), 「派美使臣朴定陽의 還國卽時查詢回報要求」(高宗 26年 2月 1日); 『淸案 1』(1003), 「駐美使臣朴定陽에 對해 查究回報要求」(高宗 26年 7月 24日); 『淸案 1』(1006), 「駐美使臣朴定陽事件의 回報再催促」(高宗 26年 8月 2日); 『淸案 1』(1009), 「朴定陽事件의 迅速明示催促에 關한 札函」(高宗 26年 8月 6日); 『淸案 1』(1018), 「駐美使臣朴定陽事件에 對한 追窮 및 眞相의 回示要請」(高宗 26年 8月 11日); 『中日交涉史料』 卷11, 「北洋大臣來電」(光緖 15年 4月 1日); 『容菴弟子記』, p.48; 『公文謄錄』, 光緖 15年 8月 8日, 10日條(서울대학교 도서관 소장).

47) 원세개는 1885년 9월에 주한통리교섭통상사의(駐韓統理交涉通商事宜)로 임명되었고, 1891년 9월에 2차 임기가 만료되었고, 1894년 9월에 3차 임기가 만료되었다. 1894년 6월에 청일전쟁이 발발하자 이홍장의 명령에 따라 회국(回國)했다.

48) 『李文忠公全集譯署函稿』 卷19, 「議留袁世凱駐韓」(光緖 14年 11月 16日), 「論袁道見忌外國」(光緖 15年 6月 初5日).

49) 『李文忠公全集譯署函稿』 卷19, 「議留袁世凱駐韓」(光緖 14年 11月 16日), 「論袁道見忌外國」(光緖 15年 6月 初5日).

50)『李文忠公全集奏稿』卷76,「奏留袁世凱片」(光緒 19年 4月 15日).

51)『李文忠公全集電稿』卷8,「寄朝鮮袁道」(光緒 13年 7月 10日).

52)『淸案 1』(1190),「趙大妃喪에 詣宮禮物進呈通告」(高宗 27年 4月 22日);『淸案 1』(1191), 同上件의「謝絶」(高宗 27年 4月 22日);『淸案 1』(1246),「趙大妃喪에 關한 件」(高宗 27年 8月 21日, 27日).

53)『李文忠公全集電稿』卷12,「袁道來電」(光緒 16年 5月 13日),「寄驛書」(光緒 16年 5月 15日),「寄朝鮮袁道」(光緒 16年 9月 13日),「寄譯書」(光緒 16年 9月 22日).

54)『淸案 1』(1253),「趙大妃靈轝發靷時의 美國海兵參列問議」(高宗 27年 8月 24日);『淸案 1』(1256),「趙大妃靈轝發靷時의 美國海兵參列件解明催促」(高宗 27年 9月 1日).

5장

조선에 대한 청의 경제 침탈

1. 조선에 대한 청의 경제 침탈의 배경

서양 열강은 19세기 후반에 인도, 중국, 동남아시아 여러 지역에 많은 관심을 기울이고 있었으나, 조선에 적극적으로 진출할 생각은 없었다. 그것은 조선의 산업과 경제가 영세하고 전근대적이어서 서양 열강의 경제적 관심을 유발하지 못했기 때문이다. 또한 영국은 인도와 중국 경영에 전력을 다하고 있었고, 프랑스는 인도차이나에 주력하고 있었으며, 미국은 자국의 중서부 개척에 부심하고 있었기 때문에 조선에 흥미를 가질 겨를이 없던 것도 사실이다. 그러나 조선에 대한 일본의 관심은 서양 열강들보다 직접적이고 강력했다.

메이지유신을 단행한 일본은 그에 따른 제반 개혁을 단행하기 위해 막대한 재원이 필요했다. 재정을 충당하기 위해서는 자국 내에서 고액의 지세를 징수하고, 불환지폐를 발행하며, 대미생사(對美生絲) 수출로 충당하는 한편, 조선 및 대만 침략에 의한 약탈무역에 의존할 수밖에 없었다. 일본은 축척된 민간 자본이 없어 외자에 의존하지 않고서는 산업 건설 등 근대 개혁을 정부 스스로 감당할 수밖에 없었으므로, 유신 정부의 수립과 함께 조선 침략 정책을 강력히 밀고 나갔던 것이다.

일본의 조선 침략은 일본 자본주의 확립의 결과가 아니며, 그 성립을 위한 자본 축적의 수단이었다. 일본은 조선 침략의 제일보로 1875년에 운요호 사건을 일으켰고, 이를 구실로 삼아 무력 압박을 가해 '강화도조약(병자수호조약)'을 체결했다. 일본은 그들이 개항 때 미국에 의해 강요받은 불평등 조약을 그대로 조선에 강요했다. '강화도조약'을 체결한 다음 이내 '부속통상장정(附屬通商章程)'을 체결해 조선의 관문인 부산(1876), 원산(1880), 인천(1883)을 개항시켰다. 그리고 관세권을 부인하고 일본 화폐를 유통시키며 치외법권의 특권을 얻어 정치적·경제적으로 조선 진출에 유리한 제일보를 내디뎠고, 이후 1884년까지 조선과의 무역을 완전히 독점했다. 그리하여 개항 이후 조선과 일본 간의 무역액은 개항 전에 비해 수배 내지 수십 배로 증대했다.[1)]

1876~1884년 이른바 '항구 무역 독점기'에 일본의 조선 무역 경영을 보면, 영국제 면포를 위주로 수출하고 미곡·금·은을 수입의 대종으로 삼았다. 이 기간은 '거류지 무역' 단계였고 아직까지 조선 내지의 상품 교역을 완전히 장악하지는 못했으나, 일본 상업자본의 급격한 확장은 자연히 조선 사회의 경제적 변화에 큰 영향을 미쳤다.[2)]

한편 청은 서양 열강의 침략과 청 내에서의 민중 반란에 대비하기 위해 양무운동(洋務運動)을 전개하고 있었기 때문에 조선에 관심을 돌릴 여유가 없었다. 그러나 일본이 류큐를 병탄하고 조선에 진출하자 일본의 적극적인 침략성에 놀란 청은, 조선 정책에 변화를 시도해 종래의 미온적인 태도에서 탈피하려는 움직임을 보이기 시작했다.

청은 일본 세력 진출을 저지하기 위해 조선과 서양 제국의 수호통상을 권도했으며, 임오군란이 발생하자 3000여 명의 군사를 급파해 종주권을 만회하고자 했다. 그런 다음 일본의 경제적 우선권을 제어하고 종속관계를 한층 더 강화할 목적에서 1882년 8월에 조선과 '조청상민수륙무역장정'을 체결해 양국의 결속을 전에 없이 공고히 했다. 이어서 1883년 '중강·회령통상장정(中江·會寧通商章程)',[3] 1884년 '길림조선상민수시무역장정(吉林朝鮮商民隨時貿易章程)'[4]을 계속 체결해 전통적인 호시 제도를 폐지하고, 수시로 왕래·교역하는 것을 명문화했다.

임오군란 이후 청의 대조선 정책은 '조청수륙무역장정'에 구체적으로 반영되었는데, 장정에 조선이 청의 종속국임을 강조해 "청이 속방을 우대하는 뜻에서 상정한 것이고 각국과 더불어 일체 균점하는 예를 가지지 못한다"고 못을 박았던 것이다. '조청통상장정'은 '조미조약'(1882년 5월), '조일조약'(1882년 8월)에 비해 종속관계를 기초로 한 독점적 특권을 규정했다. 즉 영사재판권(치외법권), 한성 개시, 내지채판(內地採辦), 저관세율, 조선 연안에서의 어채(魚採)와 연해 운항 순시, 의주·회령의 육로 무역 등 경제적·외교적 특권을 강제로 인정하게 한 것이다.[5]

이 통상장정은 종래의 종속관계의 원칙을 서양식 조문으로 나열한 데 불과했지만, 종속관계의 문증(文證)이 되었음[6]과 아울러 청이 조선의 경제 문제에 적극적으로 간섭하는 계기를 마련한 셈이었다. 바꿔 말해 이는 조선에 대한 청의 지배를 강화하려는 이홍장 등 청조 양무파의 새로운 기획으로서, 전통적 조공·책봉 관계에 존재하던 명목상의 종주권을 근대적 조약 형식을 빌려 실실

부두를 만들고 있는 제물포항 1885년

적 속국 관계로 전환하는 것으로 정책을 변경했음을 의미한다.

그런데 '조일통상장정'(1883년 6월), '조영수호통상조약'(1883년 11월), '조독수호통상조약'(1883년 11월)이 체결되어 최혜국 조관을 설정함으로써 한성 개시, 내지 통상, 토지 소유 등 청의 독점적 특수 권익이 균점되기에 이르렀다. 결과적으로 청은 단지 영사재판권에 대해서만 종주국의 체통을 유지했을 뿐이었다. 이로써 쇄국 조선은 열강에 의해 완전히 개방되었으며, 외국 상인들이 획득한 한성 개시, 내지 통상, 저관세율, 토지 소유 등의 여러 특수 권익은 조선의 구제(舊制)를 뿌리부터 흔들어놓아 조선인의 생존권을 위협했다. 이와 같은 조·청 간의 불평등한 약정은 아편전쟁 이래 동아시아에서 체결된 구미의 불평등조약 가운데서도 유례를 찾을 수 없을 만큼 조선에게 열악한 조건이었다. 조선은 서양에 개항하자마자 중국의 개입으로 반식민지 상태를 피하기 어려운 경제적 조건에 처한 것이다. 청은 1882년 임오군란 이후로 조선에 대한 종주권을 유지하고, 상권을 확장하기 위해 힘썼다. 이에 따라 청의 조선 무역은 급진적으로 발전한 반면, 일본의 독점적 진출은 크게 견제를 받아 동학농민운동이 발발한 1894년까지 청·일 양국의 무역 경쟁이 치열하게 전개되었다.

일본 상인이 부산, 인천, 원산 이 세 개 항구에 진출하자 청상 또한 조선을 잇달아 드나들었다. '조청수륙무역장정'이 체결된 다음에는 그들의 활동이 한층 더 적극적이었다. 청상의 상무(商務) 관계를 관리하기 위해 북양대신 이홍장은 1882년 9월 진수당을 총판조선상무로 임명해 조선에 파견했다.[7] 진수당은 부임한 이래 앞서 말한 조선의 세 개 항구에서 영사 업무를 개설하고 청국의 단독 조계지를 확립했으며 이어서 '윤선왕래합약장정(輪船往來合約章程)'을 체결했다.[8] 그리고 진수당은 1883년 10월 정식으로 조·청 상무 관계를 처리하기 위해 이내영(李乃榮, 리나이룽)을 인천상무관, 유가총(劉家驄, 리자충)을 원산상무관, 진위혼(陳爲焜, 천웨이훈)을 부산상무관으로 각각 임명했다.[9]

이에 앞서 일본은 조선 진출의 교두보로, 먼저 세 항구에 일본이 전관(專管)하는 조계지를 설정했는데, 청국도 이 선례에 따라 1884년 4월 조선외무독판 민영목과 진수당이 '인천구화상지계장정(仁川口華商地界章程)'을 체결했다.[10] 이리하여 청국은 5000여 평의 단독 조계지를 마련했으며, 이 조계지는 일본 조계지 서쪽에 있었다.[11] 그런데 청 측이 '인천항일본거류지차입서(仁川港日本居留地借入書)'와 똑같은 내용으로 '인천구화상지계장정'을 작성했는데, 이는 앞으로 전개될 청·일의 경쟁이 치열해질 것을 시사했다. 그리고 청은 원산항과 부산항에 대해서도 '화상지계장정(華商地界章程)'을 체결했는데, 이는 모두 '인천구화상지계장정'을 모델로 한 것이다.[12]

진수당은 인천, 부산, 원산에 분서(分署)를 설치한 이후 상무 진흥을 계획·추진했는데 부산, 원산 양 항은 이미 일본인의 농단이 심했기 때문에 부득이 인천의 발전에 치중할 수밖에 없었다. 게다가 인천은 소비 도시인 서울과 중계무역항인 상해의 중간 지점이라는 것과, 청국과는 일의대수(一衣帶水)의 지리적 관계에 있다는 점에서 청의 대조선 진출의 교두보 역할을 할 것이 분명했다.

바로 앞에서도 서술했지만, 일본 측은 부산항에서 그들의 세력 기반을 공고히 하고 있었다. 청상(淸商)은 일상(日商)의 완강한 저항으로 말미암아 부산항 진출이 어려워, 이를 놓고 청·일이 날카롭게 대립했다. 부산의 청국 상사인 덕흥호(德興號) 피격 사건은 청·일 간 상권 경쟁을 예증한다.[13]

그러나 청국 상민은 종주권을 내세워 개항장과 미개항장을 가리지 않고 함부로 들어가 거주했으며, 영업이나 여행에도 별로 제한을 받지 않았다.[14] 이미 갑신정변 이전에 한성에서 청상 수십 명이 백주에 조선 관리에게 테러를 감행한 사건이 발생했던 사실[15]로 미루어보면 청상의 횡포가 어떠했는지 잘 알 수 있다.

그런 반면 1884년 일어난 청프전쟁은 청정 내부에 커다란 정치적 변동을 야기했고, 동시에 그것이 조선 문제에 중대한 영향을 미치게 되었다. 청은 임오군란과 갑신정변을 계기로 조선에 대해 일본 세력을 압도하고 정치적 우위를 획득했으나 얼마 안 되어 조선을 둘러싼 극동 국제 정세의 변동에 따라 심각한 후퇴에 직면했다. 즉 1885년 4월 청·일 간의 천진회담에서 조·청의 종속관계가 일본에 의해 완전히 부정되었고,[16] 또한 1886년 6월 북양대신 이홍장과 러시아 대표 리라디젠스키(Li-ladygensky) 사이에 체결된 청·러협정에 의해 조선에 대한 청의 종주권 인정을 거부당했다.[17]

이와 같은 사태에 직면하자 청은 조선에 대한 정치적 우위를 계속 유지하기 위해 새로운 방법을 강구했다. 첫째, 조선의 외교 감시, 둘째, 적극적인 대조선 경제 진출 기도가 그것이었다.[18] 청은 먼저 상무 관계를 전담하며 '무골해삼(無骨海參)'이라는 평을 받던 진수당을 즉시 소환하고, 원세개를 조선총리교섭통상사의로 1885년 10월 부임시켜 외교와 상무 관계를 동시에 감독할 권한을 부여했다.

이홍장은 이뿐만 아니라 조선총세무사 묄렌도르프를 한러밀약의 관련자임을 내세워 파직시키고,[19] 그 대신 미국인 메릴에게 조선총세무사직을 계승케 하는 동시에 한걸음 더 나아가 1885년 10월 조선해관과 청국 해관의 통합을 단행했다.[20] 이후 주한총리 원세개의 대조선 상권 확장 정책이 시작되고 청상의 조선 진출이 급격히 증가했다.

이와 같이 청이 대조선 정책의 기본 전략으로 실리적인 상권 확장을 지향한 근본적인 동기를 살펴보면 다음과 같다.

첫째, 1876년 이후 일본이 조선에 진출하자 청은 동삼성(東三省)의 안정을 위해 조선에 대한 종주권을 만회하고자 서두르지 않을 수 없었다. 둘째, 1885년 청프전쟁이 끝난 다음 청을 둘러싼 국제 정세는 비교적 안정되고, 청국의 국내적 여건도 조선 경제에 진출을 기도할 만큼 성숙한 단계에 접어들었다.

즉 1885년 이후 청의 대외 관계는 영국 일변도에서 점차 열국과의 경쟁 관계로 전환해 갔고, 대외무역 총액이 대폭 증가했을 뿐 아니라 무역구조에서도 1871년부터 1884년까지의 수입 총액 중 과반수를 차지한 아편 수입이 격감하고, 그 대신에 면화가 수입 품목 중 수위를 차지했다.[21] 따라서 이 시기를 전후해 청은 외국 무역의 배척이라는 구의식에서 점차 탈피하기 시작했다. 청의 양무운동은 1890년대 청일전쟁 이전까지는 총포·조선·통신 등 군

〈표 5-1〉 청·일의 대조선 무역 수입액 비교표

(단위: 멕시코 달러)

연도 \ 국별	청국	일본	%	
			청국	일본
1885	313,342	1,377,392	19	81
1886	455,015	2,064,353	17	83
1887	742,661	2,080,787	26	74
1888	860,328	2,919,115	28	72
1889	1,101,585	2,299,118	32	68
1890	1,060,075	3,086,897	32	68
1891	2,148,294	3,226,468	40	60
1892	2,055,555	2,555,675	45	55

자료: 이광린, 『한국사강좌』(근대편), 259쪽.

〈표 5-2〉 청·일의 대조선 무역 수출액 비교표

(단위: 멕시코 달러)

연도 \ 국별	청국	일본	%	
			청국	일본
1885	9,479	277,775	2	98
1886	15,977	488,041	3	97
1887	18,873	783,752	2	98
1888	71,946	758,238	9	91
1889	109,798	1,122,276	9	91
1890	70,922	3,475,098	2	98
1891	136,464	3,356,351	4	96
1892	149,861	2,271,928	6	94

자료: 林明德, 『袁世凱與朝鮮』, p.201.

〈표 5-3〉 청·일 양국의 대조선 무역 총액 비교표

(단위: 멕시코 달러)

	조·청무역총액	조·일무역총액	%	
			청국	일본
1885	310,468	1,747,546	100	100
1886	455,337	2,508,671	149	149
1887	751,599	2,855,472	242	163
1888	919,808	2,962,844	296	169
1889	1,195,554	3,406,904	385	195
1890	1,722,738	6,545,876	555	374
1891	2,180,913	6,424,172	702	367
1892	2,200,715	4,814,414	708	275
1893	2,039,783	3,491,175	338	257

자료: 伊藤博文, 『秘書類纂 朝鮮交涉資料』 下卷, pp.552~555; 이선근, 『한국사』(최근세편)(을유문화사, 1961), 870쪽.

사 부문이 주력을 이루었으나 군수산업에서 시작해 그와 관련된 민수산업으로 확장되었고, 1870년대부터 차츰 국부(國富)에 대한 의식도 생겨 광산 개발, 방적 공장, 견사 제조업, 항운 기업, 제철소 등 근대적 산업 공장 건설이 시도되기도 했다.[22] 이와 같은 국제 정세와 국내적 여건의 변화에 편승해 청상은 조선에 대거 진출하여 조선 무역에서 일상의 독점 기반을 허물어뜨렸다. 1890년대에는 마침내 호경기를 맞아 청·일의 수출입 총액이 거의 비슷한 단계에 이르렀다(〈표 5-1〉, 〈표 5-2〉, 〈표 5-3〉).

2. 청상 보호 및 통상 교역의 진흥

청은 1882년 8월 '조청상민수륙무역장정'을 체결해 조선과 통상 관계를 수립하면서부터 조선에 대해 경제적 침략을 시도했다. 그러나 원세개가 조선총리교섭통상사의로 부임하기 전에는 청상의 규모가 소상인의 형태에 머물러 있었고, 상무위원으로 이미 내한했던 진수당은 용렬하여 상권을 크게 진작하지 못했다. 또한 일상들이 조선의 개항구에서 무역을 독점하고 있었기 때문에 청상들이 쉽게 기반을 잡을 수 없었다. 그러나 1885년 10월 원세개가 청의 주차관으로 조선에 부임한 다음에는 청의 대조선 무역은 활기를 띠고 상승일로를 거듭했다.

원세개는 청의 종주권을 강력히 내세우는 한편, 정치·외교 면에서 탁월한 재능을 발휘했다. 그는 청상을 지원하고 상권을 확장하는 데도 대단히 적극적이었고, 특히 한성과 인천의 상무 확장에 총력을 경주했다. 원세개는 부임 이래 청의 유민들이 조선에서 소요하는 것을 엄금했다. 그는 한편으로 상인들을 모아 상로(商路) 개척을 의논했을 뿐만 아니라 회관을 건립하고 조계를 확충하며 청상 초래에 힘썼다.[23]

다른 한편으로는 상선을 운항케 하는 등 상민을 보호하기 위해 특별한 조치를 강구했다.[24] 그리고 경찰서를 설치해 사건을 처리하고 상민을 보호하게 했으며, 나아가 용산, 인천, 부산, 원산 등에 분판상무위원(分辦商務委員)을 두고 상무를 관할하게[25] 했다. 이러한 조치로, 청의 남부 상인들이 내한해 상업에 종사하는 수가

〈표 5-4〉 조선 각 항구 체류 외국 상인 수 비교표

(단위: 명)

지명 연도	한성	인천	부산	원산	용산	합계
1884	356 (유동 상인 포함)	136	15	13		
1885	111	50	14	13		4,231
1886		205	28	12	120	4,725
1887						
1888	376	1,389	2,700	409		5,677
1889	600 600					
1890						
1891	751 774 (117)	563 2,271 (21)	138 5,762 (8)	37 696 (6)		
1892	957 902 (163)	637 2,548 (21)	148 5,182 (9)	37 708 (5)		
1893	1,254 828 (126)	711 2,560 (24)	142 4,778 (8)	75 716 (5)		2,182 8,882 (163)

주: 1889, 1891~1893년의 첫째 줄은 청국 상인, 둘째 줄은 일본 상인, 괄호 안은 서양 상인이다.

자료: 林明德, 『袁世凱與朝鮮』, p.199.

격증했다(〈표 5-4〉).

청상은 원세개의 정치적 보호와 상권 확장 정책을 배경으로 인천항을 기지 삼아 한성을 목표로 경인 일대로 그 세력을 크게 확장했다. 또한 원세개가 조선에서 활동 중인 청상들을 옹호하는 데 적극적이었으므로, 그러한 힘을 믿고 청상들의 행패가 나날이 심

청국 영사관

해졌다. 원세개가 부임한 첫해(1885)부터 청상들은 조선 해관에 침입하고 해관원을 구타하는 등 난동을 부렸으며, 해관원의 상선(上船) 조사까지도 방해했다.

1886년 청상들의 인천해관 습격 사건이 일어났다. 청상이 인삼을 밀수출하려다가 인천해관에 적발되자 검사를 거부하고 도리어 해관을 습격한 것이다. 그리고 이 사건이 일어나자 청국 영사관에서는 상인들에게 동정을 표시하며 청국 군함 진서호(鎭西號)를 이용해 그 밀수 인삼을 유출하려고 했다. 이 사건의 주모자는 인천의 청국상업회의소 소장 유송남(劉松南, 류쑹난)이었다. 그는 무역회사 '신태행(新泰行)'을 경영해, 청상 중에서 가장 영향력이 큰 사람이었다.

조선 해관 총세무사 메릴이 청국 총세무사 로버트 하트(Robert Hart, 赫德)에게 보고하자 청 정부도 이를 중대시하여 원세개에게 적절한 처리를 지시했다. 사건 처리에 나선 원세개는 부득이하게 유송남을 추방함과 동시에 인천해관에 배상금을 지불케 했다. 그러나 이때 청상이 지불한 배상금은 80달러에 불과했다.[26)]

당시 총세무사로 있던 메릴이 교섭통상사무아문에 보고한 것을 보면 청상의 동태를 엿볼 수 있다.

> 만약 병선에 해관원이 올라가서 손님들의 재물을 조사할 수 없게 된다면 홍삼을 사사로이 운반하여 항구를 나가는 것을 어떻게 막을 수 있겠는가. 홍삼을 병선에 실어 몰래 항구를 빠져나가게 하는 것은 더러운 짓이므로 이미 이홍장에 타전(打電)하여 총리(원세개)로 하여금 거꾸로 공박하지 못하게 했다. …… 또한 홍삼을 사운(私運)하려는 폐단이 반드시 증가할 것이고 상인들이 기탄없이 방자하게 굴 것이므로 해관의 권한이 완전히 경시되고 말 것 같다.[27)]

메릴의 보고를 보면, 원세개의 힘을 믿고 청상들이 함부로 행패를 부려 해관 행정이 크게 위축되고 있음을 알 수 있다.

이와 같이 원세개가 대조선 무역의 신장에 힘쓴 결과 1885년에서 1892년까지 청에서 부산·원산·인천 세 항구를 거친 청의 수입액 총계는 31만 3342달러에서 205만 5555달러로 증대되었다(〈표 5-1〉). 특히 눈에 띄는 것은 인천항의 무역액이 부산항과 원산항의 합계액보다 훨씬 많다는 사실이다(〈표 5-5〉).[28)]

인천항은 황해에 면해 청국과 지리적으로 가까웠다. 인천에 상점을 개설한 청상 대부분이 산동성과 절강성 출신이었던 것도 이와

〈표 5-5〉1885~1892년 청국으로부터의 수입액 통계표

(단위: 멕시코 달러)

항구명 / 연도	부산	원산	인천	합계
1885	0	70,662	242,680	313,342
1886	17,102	31,057	406,856	455,015
1887	0	101,312	641,340	742,652
1888	0	224,236	636,092	860,328
1889	50,565	321,983	729,037	1,101,585
1890	3,576	343,885	1,312,614	1,660,075
1891	43,365	366,885	1,738,044	2,148,294
1892	28,940	310,384	1,716,231	2,055,555

자료: 北川修, 「日清戰争までの日鮮貿易」, pp.72~73.

〈표 5-6〉 1885~1892년 조선의 청국에 대한 수출액 통계표

(단위: 멕시코 달러)

연도	금액	연도	금액
1885	9,479	1889	109,798
1886	15,977	1890	70,922
1887	18,873	1891	136,464
1888	71,946	1892	149,661

자료: 조선무역협회 엮음, 『조선무역사』, 46쪽.

관련된다.[29] 당시 청국 상인들은 일본 상인들과 중개무역에 종사하고 있었다. 그들은 상해에서 영국제 상품을 구입해 조선에 재수출했던 것이다.[30] 수출품 가운데 청의 제품은 오직 농산물 위주였다.

한편 조선에서 청으로 수출된 것은 대부분 인삼과 해산물, 미곡·대두 등의 농산물과 금은 등의 원시적인 천연 산물이었으며, 해외 수입품과 비교할 때 그 양상이 판이했다. 당시 조선의 대청 수출 상품 중 가장 중요한 것은 홍삼이었는데 조선의 홍삼은 거의 전량이 청으로 수출되었으며,[31] 1888년 청은 조선에 베푼다고 하며 홍삼에 붙이는 수입세를 면제했다.[32]

〈표 5-6〉에서 보는 바와 같이 조선에서의 수출액은 1892년도에 14만 9661원이었는데 수입 총액(〈표 5-5〉) 205만 5555원과 비교하면 14분의 1 정도밖에 되지 않았다. 이와 같은 수입 초과는 조선의 재정적 부담을 가중했다. 청상들이 주도적으로 수입해 온 염가의 서양산 면제품은 당시 조선의 사회경제 전역에 중대한 영향을 미쳤다. 즉 조선인의 소비성향을 변형·상승시키는 동시에 조선 경제의 물적·재정적 기초인 면작(棉作)을 붕괴시켜 나갔다.[33] 1886년 4월 25일 원세개는 자국 상인이 대거 조선에 들어오자 조선 외서(外署)에 조회하도록 해, 인천의 조계지를 확장하는 데 급급했다.[34] 1889년 6월에는 또한 부산항의 "청국 조계지가 심히 협애(狹隘)하다" 하여 조계 확충을 요구했다.[35] 세 개 개항장에서 조계를 확충하려는 기도와 거류민의 증가는 각기 세력 침투의 기반이 되게 마련이었다.

조선에서는 1886년 이후부터 해외 무역의 부산항 일변도의 무역 구조가 파괴되고 인천항이 대두했다. 그 후 인천항이 조선 무역에서 차지하는 비중은 더욱 커졌다.[36] 무역 통계를 보면 인천항은 그 수입액에서 부산항을 완전히 압도했다.[37] 또 원산항의 수출

〈표 5-7〉 3개 항의 연안무역액 추이표

(단위: 日圓)

연도별 항목별 지역별	1886		1887	
	수출	수입	수출	수입
부 산	55,890	51,124	170,866	108,756
원 산	67,597	41,544	146,213	140,698
인 천	805	218,637	903	185,772

자료: 이선근, 『한국사』(최근세편), 867쪽; 『秘書類纂朝鮮交涉資料』 上卷 (1936), p.157.

〈표 5-8〉 인천·원산 2항구의 청상과 일상의 무역액 비교표

(단위: 日圓)

연월	인천		원산	
	청상	일상	청상	일상
1887년 11월		23,400	30,730	110,863
1887년 12월	6,000	9,530	14,372	49,568
1888년 1월	11,420	37,250	7,060	24,134
1888년 2월	17,300			4,130
1888년 3월	42,700		10,542	32,112
1888년 4월			13,430	18,773
1888년 5월			16,142	50,125
1888년 6월			31,705	37,815

자료: 『秘書類纂朝鮮交涉資料』, pp.161~162.

입액이 부산항과 비등해졌다. 이와 같은 사실은 부산항이 독점 상권을 점차 인천항이나 원산항에 빼앗기고 있었다는 것을 입증한다(〈표 5-7〉).[38]

〈표 5-9〉 인천의 청·일 상인 수입 비교표

(단위: 멕시코 달러)

국별 / 연도	청상	일상	국별 / 연도	청상	일상
1885	242,680	726,760	1889	772,037	1,113,647
1886	406,856	941,550	1890	1,312,614	1,259,218
1887	641,340	827,113	1891	1,737,044	1,426,463
1888	636,092	1,049,486	1892	1,716,231	1,323,588

자료: 鹽川太一郞, 『朝鮮通商事情』(1895), p.61.

부산항의 무역액과 원산항, 인천항의 무역액을 비교해 보면 일본 상인의 독점적 무역 형태가 변화를 보이기 시작하는데, 이는 1887년 이후 청상의 세력 확대가 가속화된 것이다. 청국 상인과 일본 상인이 1887년 후반부터 다음 해에 걸쳐 6개월간 인천과 원산, 양 항에서 사금을 수출한 내역을 보면, 이 사업을 뒤늦게 시작한 청상이 인천에서는 우위를 차지했고, 원산에서도 일본 상인의 무역액을 바짝 뒤쫓고 있음을 볼 수 있다(〈표 5-12〉).[39]

일본 정부는 일본 상인의 교역량 감소에 관심을 두고 1887년 여름부터 부단히 만회의 길을 모색하기 시작했다. 그 이듬해인 1888년에는 인천영사관 서기 오다기리 마스노스케(小田切萬壽之助)가 청국 상인의 조선 무역 역량이 발전하고 있음을 명백히 지적하면서 몇 개 항목에 걸쳐 구체적 회복 방안을 제출했다.[40]

한편, 조선에서 청의 통상 교역의 진전은 인천, 원산, 용산 특히 한성에서 날로 번창하고 있었다. 원세개가 조선 정부에 대해 노골적으로 정치적 압력을 가할 뿐 아니라, 청의 하사관을 서울에

〈표 5-10〉 원산항의 수입 추이표

(단위: 멕시코 달러)

국별 연도	대청국 수입	대일본 수입	국별 연도	대청국 수입	대일본 수입
1885	70,662	314,843	1889	321,982	429,522
1886	31,057	705,910	1890	343,352	392,266
1887	101,321	591,783	1891	266,885	360,836
1888	224,236	504,390	1892	310,384	234,790

자료: 鹽川太一郎, 『朝鮮通商事情』.

〈표 5-11〉 부산항의 수입 추이표

(단위: 멕시코 달러)

국별 연도	대청국 수입	대일본 수입	국별 연도	대청국 수입	대일본 수입
1885		335,789	1889	50,565	755,949
1886	17,102	416,893	1890	3,576	1,436,413
1887		661,891	1891	43,365	1,439,169
1888		642,239	1892	28,940	997,297

자료: 鹽川太一郎, 『朝鮮通商事情』.

〈표 5-12〉 청·일상 수출사금 비교표(1887~1888)

(단위: 日圓)

연도		1887년 11~12월	1888년 1~2월	1888년 3~4월	1888년 5~6월
지역별	국별				
인천	청상	17,429	60,000		
	일상	43,304	46,780		
원산	청상	45,100	7,060	23,972	47,847
	일상	106,411	28,264	50,885	87,940

비고: 1888년 3월 이후의 인천항 통계 자료는 빠져 있다.

자료: 林明德, 『袁世凱與朝鮮』, p.192.

투입해 청의 이사부(理事府) 순사청의 순사로 위장시켜 청인 상점에서 교대로 근무시킨다는 소문이 날 정도였다.[41] 그리고 외국인이 내지를 왕래하려면 조선의 통리아문에서 호조(護照: 여권)를 발급받아야 하는 원칙은 청국인도 다를 바 없었는데, 원세개는 이 호조의 수시 발급을 불편하게 여겨 통리아문에 공명호조(空名護照)[42]를 수십 장씩 도장 찍어 교부해 줄 것을 요구해 이를 발급받았다. 1891년 이후로는 이와 같은 공명호조가 원세개에게 더 많이 송부되었으므로, 청상의 활동이 훨씬 더 왕성해졌다.[43]

이와 같은 청상의 왕성하고 적극적인 활동은 청상의 단결력과 저리의 자금 융통이라는 이유 외에도 청 정부의 보호, 즉 원세개의 정치적 비호가 크게 작용했음은 말이 필요 없다. 이와 같이 청상들의 세력이 확대되고 그 거류민 수도 늘어나 당시 도성 안에는 조선 무역계를 주름잡다시피 한 동순태(同順泰)를 비롯하여 광대호(廣大號)·금성동(錦成東)·조공순(兆公順)·신태자호(新泰字號)·동순덕(同順德)·공화순(公和順) 상사 등을 운영하는 20~30명에 달하는 대상인이 있어, 그 상세(商勢)가 크게 번창했다.[44]

원세개의 위력을 업고 상권을 확대해 가는 청상의 횡포에 대해 조선인의 반발도 적지 않았다. 청상 내지 청인에 대한 조선인의 반발은 대체로 구타·살상·겁탈·방화 등의 방법으로 나타났다.[45] 이처럼 모든 사건에는 원세개의 정치적 간여로 말미암아 확대되고 있던 청상의 경제적 침투에 대한 관민의 반발심이 음양으로 작용하고 있었다.

탈취·방화 사건이 빈번히 일어나고 그 피해가 커지자, 원세개는 청상들이 자위·방어할 수 있는 강화책을 수립하고 조선 정부에 협조를 요청했다.[46] 그리고 시내 각처에 "청상의 점포가 군데군데 분산되어 있어 도와주기가 어려운 데다가, 전후해 점포가 불타버려 상태가 극도로 심각한데도 도와주는 사람이 없다"는 이유로 청상을 남문 내 경운궁(현 덕수궁)과 동문 내 창덕궁, 두 궁궐 일대에 모여 살도록 시달했다. 또 그들이 이 일대의 가옥이나 대지를 구매할 경우, 가격평윤(價格平允: 공평한 가격을 매기는 것)에 협조해 줄 것을 한성부에 요청하기도 했다. 이리하여 성내에 흩어져 거주하던 청상을 남문 내와 동문 내의 두 궁궐 일대로 옮겨 모여 살게 함으로써[47] 서울 내 두 곳에 중국인 거류지가 생겨났다.[48] 서울에서는 일본 상인의 활동이 청국 상인에게 압도당하는 형편이었고, 청상은 서울 번화가로 활동지를 옮겨가고 있었다(종로, 남대문 등).[49] 이와 같은 지나친 청상의 한성 개시는 한성의 청상 점포를 용산으로 이주케 하자는 문제로 번졌는데, 이 한성 개잔에 대해서는 바로 다음 절에서 논급하기로 한다.

3. 외국 상인의 한성 개잔(開棧)과 철잔(撤棧) 문제

'조청상민수륙무역장정' 체결은 한반도에서 일본 세력의 팽창을 저지하는 한편, 러시아 세력의 남하를 방지하기 위해 조선과 청의 종속관계를 강화해 일본과 열강 세력을 견제하는 데 목적이 있었다.[50] 이 무역장정은 상무위원을 한성에 상주시키는 것을 규정하는 데 이어 제4조에서는 한성과 양화진에서 청국인이 거주·통상할 수 있는 권익 즉 '한성개설행잔권(漢城開設行棧權: 漢城開棧權)'[51]을 인정했다. 이는 바로 한성 개시(開市)를 말하는 것이다.

이 무역장정은 그 전문에서 밝힌 바와 같이 서로를 우대하는 의미에서 정해진 것으로, 타국에는 '한성개설개잔권'과 같은 권익이 균점되지 않게 하려는 것이었다. 그러나 그것은 국제외교가 서투른 데서 비롯된 착각이었다. 이와 같은 권익을 능숙하고 세련된 구미 외교관들이 그대로 간과하지 않았음은 말할 나위가 없다. 1883년 11월에 조인된 '조영수호통상조약'과 '조독수호조약'은 각각 24조에 "…… 한성과 양화진을 본 조약 시행일로부터 영국인(독일인)의 거주 통상의 장소로 개방한다"라고 규정함으로써 영국인과 독일인에게도 한성 개잔을 인정했다. 이 조문은 그 후에 맺은 러시아·오스트리아·이탈리아·벨기에·덴마크와의 수호조약에 그대로 답습되었고, 일본·미국 등과는 최혜국 조관이 적용되어 결국 한성은 열강에 개방된 것이다.

사실, 조선 측은 청과의 통상 장정을 상의할 때부터 한성 개잔에 반대했는데,[52] 그것은 한성 개잔으로 말미암아 조선 상민들이 청상과의 경쟁에서 불리해질 것을 염려했기 때문이다. 게다가 청에 대해 먼저 한성 개잔을 허락하면 각국이 이를 전례로 다그치며 한성 개잔을 요구하게 될 것이고, 그렇게 되면 조선 상민들은 상권 경쟁에서 낙오될 것이라 보았기 때문이다. 그러나 조선 측의 반대에도 불구하고 청 측의 일방적 강요로 청상의 한성 개잔이 허락되었고, 이후 각국 상인에게도 승인되었다.

500년간이나 금단의 핵이었던 수도 한양이 구미 각국 사람에게 개방되어 여러 외국인들이 거주하는 잡거지가 된다는 사실은 대사건이 아닐 수 없었다. 그리하여 한성 개잔의 규정을 개정하거나 철폐해 외국인의 한성 내 거주·통상권을 거두어들이려는 노력, 즉 '한성 철잔(漢城撤棧)'을 시도한 것은 1885년 말부터의 일이다.[53]

한성 개잔 후 1884년에는 이범진(李範晋) 사건, 이순희(李順喜) 사건 등 큰 사건이[54] 일어난 것을 비롯해, 조선과 청국 간에 크고 작은 시비와 쟁송이 잇달았다. 1885년에는 양국인 사이에 채권·채무를 둘러싼 분쟁과 청상의 점포 및 가옥에서 도난 사건이 연이어 일어나 도성 안의 치안이 크게 어지러워졌고, 정부는 사건을 처리하는 데 매우 부심하게 되었다. 때마침 원세개가 부임해 청상의 문제는 다소 완화되었으나 그때부터는 일본 상인들의 한성 입주가 시작되었기 때문에 정부는 한성 개잔의 철폐가 시급하다고 판단했다.

한성 개잔의 철폐를 주도한 인물은 외아문 독판 김윤식이었다. 그는 개잔의 폐단과 철잔의 시급함을 여러 가지 이유를 들어 설명한 바 있었다.[55] 당시 조선 정부가 청·일 양국인과 그 밖의 외국인을 도성에서 퇴거하는 대신에 그들을 집단 거주하게 할 거류지로 예정한 곳이 용산이었다. 한성 철잔에 대한 김윤식의 공문이 1885년 12월 14일 원세개에게 발송되었고,[56] 이에 대한 이홍장의 회답이 원세개를 거쳐 1886년 2월 26일 외아문에 도착했다. 그 내용은 다음과 같다.

> 조선 정부의 의도에 동의하니 용산에 택지(擇地)하여 거류지를 개설하도록 하라. 용산은 한강에 임한 요지이고 상고(商賈)가 운집하는 곳이니 매우 편리할 것으로 판단이 된다. 구체적인 절차는 조선 외무아문과 원세개가 상의해서 시행토록 하라.[57]

이 회답에 따른 후속 조처로 청상을 용산에 이전시키는 작업을 담당할 용산 주재 청국상무판리(영사)가 임명되어 온 것이 그해 6월 2일이었다.[58] 이홍장과 원세개로부터 한성 철잔에 관해 호의적인 반응이 있었던 것은 이것이 처음이고 마지막이었다. 원세개는 김윤식의 제안에 그저 동의했을 뿐 그것을 실행에 옮기지 않았다.

그리고 김윤식은 일본 시마무라 히사시(島村久) 대리공사와도 의논해 수호조규 속약에 의해 규정된 양화진 개시를 용산 개시로 바꿀 것을 결정했다.[59] 그러나 청·일 양국 상인은 용산 이전을 실천하기는커녕 오히려 전보다 더 활발히 성내를 출입하며 상업 활동을 전개했다. 따라서 조선의 외국 상인 이전 요청은 완전히 묵살되고 말았다.

청·일 양국 상인의 한성 개잔을 반대하는 종로 상민(商民)들의 첫 번째 실력 행사가 1887년 2월 3일에 일어났다. 종로 상민들은 그동안 청국 상인들에 의한 피해는 그런대로 참아왔지만 일본 상인들까지 들어오게 되자 상권 침탈의 위협을 크게 느끼게 되었다. 그날 아침부터 미곡·어물 등 일상용품을 취급하는 점포를 제외한 도성 안의 모든 점포가 철시해 버렸으며, 또 상인 수천 명이 총리아문에 모여 한성 개잔과 용산·양화진 개시에 관한 조약의 개정을 애소(哀訴)했다. 그날 외아문에 모였던 군중이 설득되어[60] 해산한 것은 저녁 늦은 때였다.

종로 상민들의 철시와 외국 상인의 용산 이전을 주장하는 군중 시위가 있었음에도 철잔이 이루어질 조짐은 보이지 않았다. 이러한 가운데서도 "토지·가옥의 사사로운 매각을 금지한다"는 외아문의 명령이 지켜졌다. 그런데 토지와 가옥을 외국인에게 팔기를 거절하는 사례가 빈번해지자, 원세개는 "조선 정부의 부동산 매각 금지 지시로 많은 청상들이 피해를 입고 있다. 설령 용산으로 옮겨 간다 해도 그것은 장차의 일이지 당장 옮겨 가는 것이 아니며 또 지금 청상들이 토지·가옥을 구입해서 영업을 한다 할지라도 용산으로 옮겨 갈 때 원가로 환매하면 되는 것이니 외아문에서 이러한 사정을 참작하기 바란다"는 강압적인 공문을 보냈다(1887년 9월 21일).[61] 종래의 태도를 표변해 용산 이전을 거부했을 뿐 아니라 조선 외아문에 까다로운 이전 문제까지 제시한 것이다. 이 공문을 받은 외아문은 원세개에게 다음과 같은 내용의 회신을 보냈다(1887년 9월 24일).

> 용산에 개시를 연 후 1년이 지났는데도 한성 철잔은 이루어지지 않고 있을 뿐 아니라 일본 상인의 수는 점점 늘어나고 있다. 청국 상인만 용산으로 옮겨 가면 타국 상인들도 옮겨 갈 것이며, 각국 상인들은 청국인들이 과연 용산 이전을 실시할지 관망하고 있는 상태이다. 모름지기 용산 이전에 적극적으로 앞장서 달라.[62]

그러나 원세개는 이러한 호소를 완전히 무시하는 태도를 취했다. 이뿐 아니라 오히려 한술 더 떠 1889년에 청상들의 보호를 이유로 덕수궁 근처에 청국인 거류 지역을 하나 더 지정하도록 해 그곳에 있는 조선인 가옥을 헐값으로 구입할 수 있는 조처를 마련했으며, 아울러 도성 가운데 청국 경찰서를 설치하는 등 횡포를 부렸다.[63] 게다가 청상은 용산을 활발히 왕래했으며 원세개가 용산에 이사관(理事官)까지 파견·주재시켜 자국 상인을 지원했기 때문에, 조선 상인은 이중으로 피해를 입었다. 당시 육의전을 비롯한 조선 상인은 외국 상인들의 진출로 말미암아 "실업 지경에 이르고 사방으로 흩어지는 형편"[64]이 되었다. 이러한 지경을 가리켜 일본의 곤도 모토스케(近藤眞鋤) 대리공사는 "조선의 상전(商廛)은 급격히 쇠퇴함이 현저해져 그 판로를 잃고 고경에 빠졌다"[65]고 했다.

청·일 양국 상인의 한성 철수를 갈망하는 조선 정부와 민간의 시도가 아무런 효과도 거두지 못하는 가운데 청·일 상인의 수와 상세(商勢)가 하루가 다르게 증대되면서 종로의 시전을 비롯한 한성의 전통적인 상질서(商秩序)가 점차 파괴되어 모든 시전이 몰락 위기에 처했다. 예부터 물려받은 상업 기반을 속속 침탈당한 한성의 상인들은 1890년 1월 파업 시위를 벌이는 한편, 총리아문에 집결해 외국 상인의 한성 철잔을 요구하는 두 번째 실력 행사를 시도했다.[66] 총리아문에 몰려가 청·일 양국 상인의 철잔을 청원하기 시작한 수백 명의 상인들은 외아문에서 확실한 대답을 얻지 못하자 아문 안팎에 명석을 깔아놓고 연좌시위에 돌입했으며, 시내 여러 곳에 "외국 상인은 인천으로 물러가고 한성은 재래 상인들이 전업(專業)하게 함으로써 500년 구래의 상질서(商秩序)가 회복되게

할 것을" 호소하는 장문의 격문을 붙이고 폐문 철시에 돌입했다.[67]

이렇게 되자 조선 외아문 독판 민종묵(閔種默)을 비롯한 고위관리들이 원세개의 공관 앞에 집회해 청상의 용산 이전을 간청했다.[68] 원래 한성개잔권은 조영선후속관 제2조에 의해 각국에 이익이 균점되었으므로 청이 이 권리를 포기하면 각국의 개잔권은 자연 소멸되기 때문이다. 원세개에게 협력을 요청했으나 그는 매우 무성의하게 언질을 회피했다. 이에 조선 정부는 사신을 직접 천진으로 보내 북양대신 이홍장에게 호소하기로 하고, 곧 시전 대표들과 면담하며 다음과 같이 설득했다.

> 청의 관리 원대인(袁大人)과 교섭해 보아도 별 도리가 없으니 사신들을 북양대신에게 보내어 직접 교섭키로 한다. …… 사신의 왕복에 약 20일 정도가 소요될 것이니 그동안만 참아달라. …… 청상이 철잔하면 일체 외국 상인이 철잔할 것이니 곧 그렇게 타당하게 일을 처리하도록 하겠다.[69]

이 고시문을 시내 도처에 게시하자 마침내 시위 군중이 해산했다.

조선 정부는 「한성 개잔(漢城開棧)의 건(件) 변통(變通)」을 우선 전보로서 북양대신에게 알린 다음, 중국어에 능통한 외아문 주사 변석운(邊錫運)을 문의관으로 임명해 천진에 파견했다. 변석운은 "장정 제4조를 개정하여 청상들의 용산 이전을 허락해 달라"는 내용의 고종의 친서를[70] 가지고 중국으로 갔다. 2월 4일에 문의관 직책으로 천진에 도착한 변석운은 천진 주재 이사관 김명규(金明

圭)와 더불어 이홍장을 만났으나 전혀 성과를 거두지 못한 채 두 사람이 같이 귀국했다(1890년 윤2월 10일).

이홍장은 김명규와 변석운에게 냉담한 태도를 보였다.[71]

> 한성 개잔은 원래 조선이 청의 속국이기 때문에 양국 간에만 인정한 것인데 종속관계에 있지도 않은 외국, 특히 일본국과 동일하게 거론될 수 없는 문제이다. 본건은 원래 양국 간의 장정에 연유하는 사건이므로 우선 현지 주재 대신인 원세개와 협의해야 할 성질의 것이다.

이에 앞서 원세개는 조선 측의 간곡한 철잔 요청에도 불구하고 다음과 같은 내용의 전문을 북양대신 이홍장에게 송부했다.

> 근래에 이르러 청상의 한성 거주자가 80여 호 600여 명에 달하고 있으니 이들을 갑자기 옮긴다는 것은 용이한 일이 아닙니다. 게다가 이미 한성에서 터전을 잡고 상로를 개척했을 뿐만 아니라, 기왕에 획득했던 제반 권익을 일조에 잃어버리는 격이 되기 때문에 중대한 손실이 아닐 수 없고, 청상들이 또한 그것을 완강히 거부하고 있습니다. …… 육의전 철시 사건은 국왕의 밀령에 의한 것이고 조선 상인의 자의가 아니기 때문에 조선 상인이 점포 문을 닫은 것은 아마도 협박하려는 것입니다. 만약 왕의 자문(咨文)이 천진에 도착하면 논지를 칙령으로 여러 상인에 전하여 가부를 의논케 하기 바랍니다. 만약 여러 사람의 뜻이 따르지 않는다는 이유로 조선의 요구를 물리친다면 무릇 왕도 원망하지 못할 것입니다.[72]

이홍장은 청상의 용산 이전 문제에 대해 "청상들이 이에 따르지 않고, 날마다 의논했으나 화합하지 않으니 홀로 옮기라고 할 수가 없다"[73]고 하며, 도리어 "조선 정부가 청상의 상잔(商棧) 이전료를 빨리 조달하는 것이 급선무다"[74]라는 말로 이전료 조달을 독촉했다. 이렇게 되자 조선 정부는 크게 당황할 수밖에 없었다.

이상과 같은 한성 상인들의 철시 시위와 그에 따른 문의관의 천진 방문 등의 움직임에 가장 민감했던 것이 일본 정부였으므로 그들은 군함을 인천항에 급파해 만일의 사태에 대비하는가 하면 청국 주재 일본 공사에게 북양대신의 반응을 탐지해 보고하게 했다.[75] 그러나 일본은 조선 정부의 재정 상태가 한양 내 청·일 양국 상인이 이미 확보하고 있는 토지·가옥의 환매 비용을 충당하기 어려운 실정이었음을 잘 알고 있었으며, 만약 실제로 용산 이전이 시작되는 경우에는 토지·가옥 환매 비용에 더 보태어 '충분한 이전료, 손해배상과 신개시장(新開市場) 개설 비용'까지 조선 정부에 부담시킬 심산이었다. 따라서 한성 철잔은 이전료 조달이 불가능해 청·일 상인의 천거(遷居)가 실시되지 않았다. 이에 따라 한성은 물론이고 1893년에 이르면 용산과 마포까지 상권 경쟁이 치열하게 전개됨으로써 열국의 상업 경쟁장으로 변화되었다.

4. 잠상 활동과 평양 개항 문제

'조청상민수륙무역장정'이 체결된 다음 청국 상인은 조선 개항장에서 새로 무역을 전개했으나 앞서 조선에 온 일본 상인들이 조선 무역의 주도권을 장악하고 있었기 때문에 열세를 면할 수 없었다. 따라서 청상은 부득이하게 평양을 근거로 대규모 밀무역을 행했다. 그러나 그곳에서도 일본 상인과 치열한 경쟁을 벌여야만 했다.

조선에 잠입한 청상들은 산동반도에서 배를 타고 오거나 육로를 이용해 만주를 거쳐 평안도와 황해도로 들어왔다. 잠상(潛商: 밀무역)들은 특히 해로로 들어올 경우 조약상의 개항구를 통하지 않고 미개항구를 거쳐 들어와 각 지방관에게 내지세·관세·포세를 납부하면 아무런 구애를 받지 않고 물품을 교역할 수 있었다.[76]

조·청 간에 통상장정이 체결된 뒤 잠상들의 왕래가 격증했다. 체결 전에는 '해금령' 때문에 선박의 내왕이 없었으나 체결 후에는 상선들의 내왕이 빈번해졌고, 상인들의 내륙 통행이 비교적 자유로웠기 때문이다. 잠상 문제는 통상장정을 논의할 때 조선 측 대표로 참가했던 어윤중이 이미 지적했거니와[77] 어선들의 왕래를 틈타 청상들의 활약이 더욱 격심해진 것이다.

당시 청상들은 전통적인 조·청 관계와 원세개의 상권 확장 정책에 힘입어 적극적으로 밀무역을 자행했다. 그뿐만 아니라 일본의 밀무역 활동도 조선의 전 연안 지역에서 자행되었다. 청의 해관 총세무사 하트의 보고에 따르면, 조선에서 외국 상인의 밀무역은 그 규모가 세 개 개항장에서의 무역액과 거의 같다고 할 정도였다.[78]

이에 총리아문에서는 연해의 미통상구안(未通商口岸)에서의 밀무역 현상이 비단 경상도·전라도뿐 아니라 평안도·황해도·경기도·충청도·함경도 해안 전역에 걸쳐 일어나고 있기 때문에 순시선을 보내어 순찰케 할 것과 전운국에 명해 기선 해룡호로 경비케 했던 것이다.[79] 그럼에도 청·일 상선의 미개항 항구 연안에서의 밀무역은 끊이지 않았다. 특히 각국 범선이 인천세무사의 조험(照驗)을 거치지 않고 직접 마포까지 잠입하기 때문에 부득이 조선 해관에서는 1889년 마포에 사험공국(査驗公局)을 설치했고,[80] 이어서 '마포사험장정(麻浦査驗章程)'이 마련되었다.[81]

이 '마포사험장정'은 처음에 일본 공사와 의논해 정했던 것이지만, 원세개의 항의로 결국 청·일 양국의 상의를 거쳐 각국 공관에 통보해 실시케 한 것이었다. 원래 1889년 4월 초에 실시하려고 했으나 원세개의 공박을 받아 10월 15일로 연기해 실시했다.[82]

그러나 사험장정이 마련되었음에도 마포 분국의 윤허를 받지 않고 탈세하며 운반하는 범선이 없지 않았으며,[83] 심지어는 마포에서 청상이 몰래 짐을 싣고 출포(出浦)하다가 적발된 사례도 있었다.[84] 더구나 원세개는 양화진·용산·마포에 유럽 제국의 기선이 들어오는 것을 허용하지 않았다.[85]

당시 청의 잠상들은 스스로 대국인임을 자처하고 허세를 부리며 밀수품을 점검하는 조선 세관원을 마구 구타하는 일도 있었고,[86] 때때로 조선 해안에 상륙해 조선인에게 행패를 부리기도 했다.[87] 청국 밀수 상선들이 공공연히 조선 연안 일대를 드나드는 정경은 "현재 들은 바로는 연강 일대 1000여 리에 중국 상인이 그들 나라 상인과 어울려 서로 무역하고, 세과(稅課)를 물지 않았다"[88]라고 할 시경이었다.

이와 같이 청선들이 함부로 날뛰는 통에 약탈과 소요가 발생했는데, 원세개는 이에 대해 "중국 뱃사람들이 해양에 출몰하여 물화를 약탈하고 인가에 난입하거나 무덤 근처의 나무를 베는 등의 일은 법에 따라 조사·나포해 다음에 올 폐단을 없이 하고 중국 배가 화물을 싣고 미통상구안에서 매매함을 금지하도록 하겠다"[89] 라고 말로만 내세울 뿐 실천하지 아니하여 그 뒤로도 미통상구안에서 잠상무역은 그치지 않았다.[90]

특히 물산이 풍부한 조선의 평양 지역이 청국 밀무역상들의 근거지로 변한 것은 당연한 일이었다. 1888년 이래 청의 밀무역 상선은 산동반도의 연대(烟臺)·등주(登州)로부터 평안도·황해도 연안 일대에 대대적으로 몰려와서 녹사포(綠沙浦)·재령강(載寧江)·대동강·철도포구(鐵道浦口)에 몰래 정박했다.[91] 이 밀무역 상선은 대개 대선일 경우 미곡 1000섬, 소선일 경우 400~500섬을 실을 수 있는 규모였고, 한번에 40~50척이 침범하는 것이 보통이었다. 청의 밀무역상들은 조선의 거간을 통해 주단·잡화·은괴·은전 같은 밀수입품으로 조선의 곡물과 교환하며 연대·등주 시장으로 운송했다.[92] 이 밀상들은 내지세와 포세를 조선 지방관청에 납입함으로써 밀무역 행위에 대해 공공연히 양해를 받았다.[93]

청국 잠상의 발호가 갈수록 심해지자 조선 정부는 원세개에게 청상의 잠상무역을 금단해 줄 것을 요청하는 한편, 밀무역을 방지하는 조치를 취하고[94] 이 조치를 위반한 징세지방관을 파출(罷黜)하기도 했다.[95]

조선 측에서 잠상을 수사하고 금지하라고 요청했으나, 원세개가 1889년 5월에 표면상 잠상 금지 방책을 조선 외아문에 조회해 왔을 뿐[96] 청의 전보국 관원들은 청상의 밀무역 행위를 금지하기는커녕 오히려 그 밀상들로부터 뇌물을 받고 밀무역을 조장하고 있었다.[97] 원세개가 이러한 사실을 모를 리 없었지만 묵인하는 입장이었고, 청상 단속에 적극적인 태도를 보이지 않다가 갑자기 태도가 돌변해 엉뚱하게 잠상 발호의 책임을 조선지방관에게 넘기기도 했다.[98] 이러한 상황에서 조선 정부는 1889년 9월 통리아문 주사를 평안도와 황해도에 파견해 밀무역 상황을 조사하게 했고 또 청의 잠상 1명을 체포해 원세개에게 인도하기도 했다.[99]

이와 같이 청의 잠상이 성행하자 인천항을 통한 무역이 크게 둔화해 일본 상인들이 큰 타격을 입었다. 그리하여 1889년 7월경에 일본 대리공사 곤도 마스키(近藤眞鋤)는 독판교섭통상사무 민종묵에게 항의해 평안도·황해도에서 영을 어기고 장사 중인 청상의 성명과 선척 및 화물의 가치를 조사·보고하게 했으며, 청국과의 이익 균점을 강력히 요구했다.[100] 또한 평안도 해안에도 개항장을 마련할 것을 조선 정부에 요청해 왔다.[101] 이뿐 아니라 청국인 잠상의 폐해를 열거하며 대동강구 개항의 이익을 강조했다.[102] 일본 공사는 설득과 위협을 동시에 사용해 서북 연안에서 청의 잠상이 날뛰는 것을 막고 무역권을 확대하려고 했다. 일본 공사는 1891년 2월에 또다시 황해도 철도(鐵島) 지방에 항구를 개설할 것을 요청해 왔다.[103]

그러나 일본 측의 요구는 처음부터 원세개의 간섭으로 말미암아 받아들여질 수 없었다. 청은 평양의 개항 문제는 반드시 조선 국왕이 이홍장에게 그 가부를 물어야만 논의될 수 있다는 강경한 태도를 취했다.[104] 따라서 조선 정부는 일본 공사에게 평양은 내지연강(內地沿江)이고, 이미 개항한 항구가 많으며, 청상의 밀무역을 단속하고 있다는 것을 내세워 거절했다.[105]

그 후 일본 상인도 청국 상인과 경쟁적으로 평양 진출을 기도했으며, 대담하게 철도 포구에 상점과 가옥을 건축하고 불법으로 침투해[106] 미곡 밀무역에 혈안이 되어 있었다.[107] 『한국지(韓國誌)』에는 당시 청상의 밀무역 형태를 지적해 "청인은 평양에 침입하여, 처음에는 그 상업이 밀매상의 성질을 띠었으나 후에 이르러서는 현지 관리의 묵인을 얻어 이곳에 정착해 상설의 점포를 이루었다"고 기록할 정도였다.[108]

1891년 2월 황해도 사검관(査檢官)은 재령(載寧)·불탄(不灘)·봉산(鳳山)·은파(銀波) 등지로 몰래 들어온 청 밀선을 적발해 원세개에게 알렸으나 그는 도리어 "조선 관리가 수세(收稅)로서 청상을 유인해 무역을 허락한 뒤, 마음대로 능욕하고 은화를 빼앗고 뇌물을 차지함으로써 무지한 청국 상민은 목숨을 잃고 파산해 다시 살아갈 길이 없게 되었다"고 말하며, 선원(船員)과 선척(船隻)을 인천으로 보내 증거로 삼아 처리케 할 것을 요구해 왔던 것이다.[109] 이에 조선 정부는 해영(海營)·강영(岡營)에 관칙을 내려 세국을 함부로 설치해 관세를 강제 징수하는 일을 금지시키고, 청국의 배와 화물에 대해서는 엄하게 꾸짖은 후 놓아주도록 했다.[110] 그러나 청국 상선의 늑탈과 밀무역 행위는 그 뒤로도 그치지 않았다.

이렇듯 청·일 양국은 정상적인 무역로인 세 개 항구뿐 아니라 그 인접 지역의 미개항구까지 자신들의 상권을 침투시키려 급급했다. 그것은 '치외법권'이나 '내륙세 철폐' 등의 조항을 역이용해 밀무역 행위의 방패로 삼기까지 했던 것이다. 이처럼 밀무역에 의해 쌀·콩을 비롯해 인삼·소가죽 등이 국외로 유출되었다. 이는 정상적인 경로를 통해 수출되는 주요 물산이기도 했다. 이와 더불어 공공연히 면세 특혜를 받아 국외로 유출되는 지금(地金)도 적지 않았다.[111]

이상과 같이 1889~1891년에 이르기까지 일본 측이 제기한 대동강구 개항장 설치 요구는 평안도와 황해도 연안에 출몰하는 청의 밀무역상을 견제하기 위한 것이었으나, 원세개의 간여로 실행되지 못했다.[112] 원세개는 자국의 거상이 조선으로 건너와 투자하도록 주선하고, 그들의 상로 개척을 적극 지원했다. 나아가 청국의 상권 확장을 위해 잠상의 밀무역을 방조하거나 두둔하는 것도 거리끼지 않았다. 그가 뛰어난 역량을 발휘해 조선에 대한 청의 정치적 우세를 유지했음은 물론이고, 청의 대조선 경제정책 수행에서도 중요한 역할을 담당했음은 부인할 수 없다.

주

1) 이광린, 『한국사강좌』(근대편)(一潮閣, 1981), 254쪽.

2) 이광린, 『한국사강좌』(근대편), 255~256쪽; 林明德, 『袁世凱與朝鮮』(台北: 中央研究院 近代史硏究所 專刊 26, 1971), p.189.

3) 김종원, 「조·청상민수륙무역장정의 체결과 그 영향」, 『한국사』 16(근대편), 168쪽.

4) 『高宗實錄』 卷21, 甲申 5月 26日條.

5) 김종원, 「조·청상민수륙무역장정의 체결과 그 영향」.

6) 김종원, 「조·청상민수륙무역장정의 체결과 그 영향」; 王芸生, 『六十年來中國與日本』(天津大公報社, 1932~1933).

7) 『李文忠公全集奏稿』 卷46, 「陣樹棠總辦朝鮮商務片」(光緒 9年 6月 21日)(台北: 文海出版社, 1965). 김옥균도 『갑신일록(甲申日錄)』에서 일본인들이 "무골지해삼(無骨之海蔘)"이라 평했다고 쓰고 있다.

8) 舊韓末外交文書 第八卷 『清案 1』(이하 『清案』), 「9. 朝中輪船往來合約章程盖印 交換의 件」(高宗 20年 10月 2日).

9) 『清案』 第2册(47), 「仁川駐理清商事務官李乃營의 充用通報」(高宗 21年 1月 12日); 『清案』 第4册(151), 「劉家聰의 元山理事官, 陳爲焜의 釜山理事官充當에 關한 照會」(高宗 21年 5月 14日).

10) 『高宗實錄』 卷21, 甲申 3月 初7日; 『清案』 第2册(61), 「仁川清商地界章程定奪에 關한 件」(高宗 21年 2月 7日).

11) 仁川府廳 編, 『仁川府史』, p.128.

12) 『清案』 第5册(216), 「釜山清商地界章程의 迅速辦理要請」(高宗 21년 6月 13日); 『清案』 第6册(270), 「元山清國租界擇定에 關한 照會」(高宗 21年

8月 17日).

13)『淸案』 第1冊(15), 「釜山日本理事官의 淸國商店德興號開店 防害事件에 對한 措處의 件」(高宗 20年 10月 23日), 문서번호 16, 21, 38, 59.

14) 田保橋潔, 『近代日鮮關係の硏究』(朝鮮總督府中樞院, 1940), p.893.

15)『淸案』 第4冊(170), 「淸商會館道路로 因한 李範晋과의 訴訟」(高宗 21年); 『淸案』 第4冊(170), 「李範晋逢辱에 對한 抗議」(高宗 21年 29日); 田保橋潔, 『近代日鮮關係の硏究』, p.893.

16) 王信忠, 『中日甲午戰爭之外交背景』(台北: 文海出版社, 1964), p.982.

17) 朴俊圭, 『韓末의 對外關係』(國際政治論叢 第一輯, 1963).

18) 李用熙, 「巨文島占領外交綜攷」(『李相佰博士 回甲記念論叢』, 1964).

19) 李文忠公全集 譯署函稿』, 「籌換穆麟德」(光緖 11年 7月 12日).

20) 高柄翊, 「朝鮮海關과 淸國海關과의 關係」(「東亞文化 第四輯」, 1965).

21) C. F. Remer, 『近代支那通商史論(The Foreign Trade of China)』, 小林幾次郎 譯, pp.86~130.

22) C. F. Remer, 『近代支那通商史論』, 夏東元, 『洋務運動史』(上海: 華東師範大學出版社, 1992). 철도는 조야의 수구적 반대론이 거세, 이홍장·유명전(劉銘傳, 류밍촨) 같은 회군계 양무 관료가 주장해 광물 수송을 위해 변경에 짧게 수축한 노선을 제외하고는 설치가 지지부진했다. 그러나 청일전쟁에 패전하자 외국의 자본과 기술이 도입되어 본격적으로 건설이 시작되었다.

23) 朝鮮檔』, 「李鴻章致總署函兩件」(光緖 12年 5月 25日).

24) 王信忠, 『中日甲午戰爭之外交背景』(臺北: 文海出版社, 1964), p.116.

25) 舊韓國外交關係附屬文書, 第三卷, 『統署日記』 1(이하 『統記』) 第7冊, 高宗 22年 乙亥 10月 21日條; 『統記』 第10冊, 高宗 23年 丙戌 4月 3日條 등.

26) 이광린, 『한국사강좌』(근대편), 260쪽 재인용[彭澤周, 『明治初期日韓關係의 硏究』(塙書房, 1969), p.304].

27)『統記』 第8冊, 高宗 22年 乙酉 12月 26日, 「墨舘中呈」.

28) 이광린, 『한국사강좌』(근대편), 258쪽 재인용[北川修, 「日淸戰爭까지의 日

鮮貿易」(≪歷史科學≫, 創刊號, 1932年 5月), pp.72~73]

29) 譚永盛, 「朝鮮末期淸國商人에 關한 硏究」(단국대학교 대학원 석사 학위논문, 1976), 89쪽.

30) 『日本外交文書』(이하 『日外』) 卷21, p.254(95), 「仁川在勤鈴木領事ヨリ靑木外務宛」(明治 21年 8月 6日). 청상들은 주로 금건(金巾)·한령사(寒泠紗)·면려(綿絽) 등의 서구산 면직물을 수입해 조선에 재수출함으로써 이윤을 획득했는데, 당시 청상이 조선에 수출한 품목을 보면 서구산 면제품이 80~90%를 차지했다. 1888년에 접어들면서부터는 청국 금건상이 경인 일대에서 일본 금건상 판매를 앞지르기 시작했다.

당시 청의 대조선 수출품에 대한 산출국별 도표

(단위: %)

국별	1889	1890
영국산	54	57
일본산	24	19
중국산	13	12
독일산	6	8
미국산	2	3
러시아와 프랑스산	1	1
	100	100

주: British Consular Reports(Foreign Office, 1890~1991); Report on the Foreign Trade of Corea of the year 1889; Report on the Foreign Trade of Corea of the year 1890.

31) 『李文忠公全集 譯署函稿』 13, 「議朝鮮通商章程」(光緖 8年 8月 29日): "朝鮮土産國課此爲大宗 專運銷中國各省 …… 朝鮮土産稅課半賴紅蔘".

32) 『淸案』 第15冊(859), 「紅蔘免稅에 關한 照會」(高宗 25年 11月 10日).

33) 『朝鮮通商三關貿易冊』(1887), 「通商口岸貿易情形論」, p.19: 조선총세무사 묵현리(墨賢理, 모셴리)는 "尙有英國綿紗爲數甚夥, 聞本道織布之家 以洋紗潔白柔 較勝本國之紗 故用以織土綿布耳"라 하고 있다.

34) 『淸案』 第11冊, p.503. 「仁川租界의 三里寨地方擴張要請」(高宗 23年 丙戌

4月 25日).

35)『統記』第32册, 高宗 29年 壬辰 6月 18日條.

36)『日外』卷21, p.314(109), 附屬書「辨理朝鮮交涉通商事宜袁世凱禀李中堂 近來華商日見庶盛 仁川漢城統計已有六百餘人 仁川一口進出口貨 去年計五十餘萬元納稅計四萬二千餘元 較前年人數貸數己二倍 日人見利益漸分 尤深嫌忌百方 勒抑該商等實」.

37)『日外』卷21, p.257(96),「元山在勤渡邊副領事ノ意見書」(明治 21年 8月).

38) 表 7, 8(伊藤博文:『秘書類纂朝鮮交涉資料』, 1936年)
表 9, 10, 11(監川一太郎:『朝鮮通商事情』, 1895年).

39)『秘書類纂朝鮮交涉資料』, pp.161~162.

40)『日外』第21卷, pp.230~246,「仁川將來ノ商業上ニ關スル意見書 送付ノ件」, 附屬書 仁川在勤小田切書記生ノ右件意見書.

41) 한우근, 『한국개항기의 상업연구』(一潮閣, 1976), pp.85~96에서 일본인 스에나가 준이치로(末永純一郎)는 ≪朝鮮報≫ 5의 보고를 인용해 "청 순사청(巡査廳)의 순사(巡査)가 모두 실제에서는 청의 하사관(兵員)이라는 것으로, 이른바 상병정책(商兵政策)을 쓰고 있다는 것이다"라고 하고 있다.

42) 공명호조(空名護照)란 상인명, 주소, 상품명을 기록하지 아니한 호조로서 청상을 비호(庇護)한 원세개의 대표적 수법으로 이 호조를 소지한 상인은 자의로 상품 수량, 종류, 상행위 장소를 결정할 수 있는 특혜를 얻게 되는 것이다.

43)『統記』第28册, 高宗 4月 27日條;『統記』第29册, 高宗 28年 8月 10日條;『統記』第38册, 高宗 30年 10月 25日條 등.

44)『京城府史』第二卷, p.595. 당시 한성에 진출한 중요 청상은 본문에 기록된 상호 이외에도 화순호(和順號), 의흥영호(義興永號), 쌍흥호(雙興號), 취흥호(聚興號), 화풍동호(和豊東號), 화여호(華與號), 이순호(利順號), 영내성호(永來盛號), 흥복호(興福號), 동흥호(東興號), 복성호(福成號), 항풍호(恒豊號), 동풍순(同豊順), 화풍호(和豊號), 대흥호(大興號), 동순태(同順泰), 덕흥호(德興號), 쌍성태(雙盛泰), 영원순(永源順), 원강호(源康號),

공성호(公盛號), 순창호(順昌號), 삼화흥태화호(三和興泰和號), 리태호(利泰號), 영풍호(永豊號) 등등이며 그중에서도 동순태는 자본이 풍부해 수표교(水標橋)에서 실제로 청상을 지배하고 있었고 대조선 무역에서 실권(實權)을 장악하고 있었다.

45) 한우근, 『한국개항기의 상업연구』, 112~114쪽. 고종 24년(1884)부터 25년, 26년, 29년, 30년까지의 청인 구타·살상 사건과 도난·겁탈의 사례를 일일이 열거하고 있으며 특히 고종 24~26년 사이에 유난히 빈번하게 일어났던 방화 사건을 기록하고 있다. 나열하면 남문(南門) 안의 삼화호(三和號) 화재, 서문(西門) 안의 동홍호 화재, 종루 서(西)의 거상 덕홍호 화재 사건 등이다.

46) 『統記』 第16册, 高宗 25年 5月 7日, 13日條.

47) 『統記』 第20册, 高宗 26年 5月 16日, 6月 12日, 15日條. 이 같은 조처에 따라 원세개는 남문·동문 일대의 민간인이 방가(放價)하지 못하도록 조처해 줄 것을 조선 정부에 요청해, 한성부윤도 그렇게 하도록 조처하고 있다.

48) 동대문 궁궐 부근이라 함은 수표교를 중심한 종전부터의 중국인 거류 지역을 말하며, 이 조처 이후로 덕수궁 동남(현재 서울시청 맞은편 프라자호텔 일대)과 서남(西小門通)에 또 하나의 중국인 집단거류지가 형성되었다.

49) 한우근, 『한국개항기의 상업연구』, 53~54쪽.

50) 김종원, 「조·청상민수륙무역장정의 체결과 그 영향」.

51) 개잔(開棧): 강이나 바닷가에 다리를 놓아 배를 쉽게 닿게 하는 것을 의미하는데, 여기서는 상인들이 일정한 장소에 거주하며 상행위(商行爲)를 하는 것을 말한다.

52) 『李文忠公全集 譯署函稿』 卷13, 「議朝鮮通商章程摺」(光緖 8年 8月 29日)(附件)朝鮮侍講魚允中節略: "漢城開棧本邦民貧 都門市 必以失利歸怨 若以楊花津起見此是已開市場 自應一列開棧".

53) 손정목, 『한국개항기도시변화과정연구』(일지사, 1982), 182쪽.

54) 『淸案』 第4册, 170~176(문서번호) 170, 「淸商會舘道路로 因한 李範晋과

의 訴訟」(高宗 21년 5月 28日); 『淸案』 第5冊, 223, 226, 227, 228(문서번호) 223, 「熊廷漢의 李順喜毆打事件과 關係者 洪俊極 對質의 件」(高宗 21年 6月 23日).

55) 金允植, 『雲養集』 卷7, 「漢城開棧私議」. 김윤식은 "우리는 얼마 안 가서 업(業)을 잃고 유산(流散)할 처지에 이른다는 것, 시전(市廛) 상인들은 이윤을 잃게 되고 인천항도 폐항(廢港)의 위기에 처하게 된다는 것, 외국인 점포가 바로 범인의 피신처가 된다는 것" 등 8가지의 폐해를 들고 있다.

56) 『淸案』 10冊(462), 「淸商의 漢城開棧撤舖와 龍山, 楊花津 開棧要請」(高宗 22年 12月 14日).

57) 『淸案』 10冊(465), 「淸商의 漢城開棧撤舖에 對한 回答」(高宗 22年 12月 17日); 『淸案』 第11冊(494), 「漢城華商行棧의 龍山移設에 對한 同意」(高宗 23年 2月 26日).

58) 『淸案』 第11冊(507), 「辦理龍山商務關防使用에 關한 通告」(高宗 23年 6月 2日); 『淸案』 第11冊(554), 「龍山商務委員 陳同書任命通告」(高宗 23年 10月 28日).

59) 『京城府史』, pp.999~1000.

60) 손정목, 『한국개항기도시변화과정연구』, 187쪽: "한성 개잔에 관해서는 이미 청국이 철소(撤銷)하기로 약속했으니 각국도 이에 따라 철잔(撤棧)케 될 것이다. 그러므로 주민들이 가옥, 지소를 외국인에게 사사로이 매각(賣却)하는 행위는 엄중 단속하는 바이다. 모두 귀가하여 생업에 충실할 것이며 부질없이 방황치 말라"(國會圖書館 소장)(日本外務省, 『陸·海軍省機密文書寫』 106卷, pp.186~199에서 인용).

61) 『淸案』 第13冊(658), 「淸商行棧의 龍山遷移中止에 對한 照會」(高宗 24年 9月 21日).

62) 『淸案』 第13冊(661), 「淸商行棧의 龍山遷移用要請」(高宗 24년 9月 24日).

63) 『淸案』 第16冊(959), 「南門內等處의 民屋을 淸商이 求買할 경우의 價格平允에 關한 照會」(高宗 26年 5月 23日); 『淸案』 第17冊(978), 「南門內 等處

民屋을 淸商이 求買할 경우의 價格平允에 關한 回答」(高宗 26年 6月 12日); 『京城府史』 2卷, p.618.

64) 『雲養集』 卷7, 「漢城開棧私議」.

65) 『日外』 卷23, 159(六三), 「朝鮮國駐箚近藤代理公使 淸木外務大臣宛」(明治 23年 1月 30日).

66) 손정목, 『한국개항기도시변화과정연구』, 188~189쪽에서 이 사건의 배경을 다음과 같이 설명하고 있다. ① 한성 철잔, 용산 이설의 노력이 아무런 진전 없이 청·일 양국 상인이 점차 늘어나 1200~1300명에 다다랐고, 종로·남문·동문 요지에 골고루 퍼졌으며, ② 1883년 이후 일상들이 전라도 백목(白木)을 사 들여와 싼값으로 시전에 판 행위(亂廛)에 대해 백목전민(白木廛民) 김득성(金得成)의 진정이 반려·묵살된 일, ③ 1889년 함경도에서 일어난 방곡령(防穀令) 사건, ④ 당년 83세가 되는 대왕대비 조씨의 병이 위독하여 관례로 행해지는 장비(葬費)가 종로 시전에 부과될 것인즉 청·일 양국 상인의 공공연한 난전(亂廛) 때문에 실리하여 한성 철잔이 이루어지지 않는 한 국장비(國葬費)를 부담할 수 없다는 현실적인 문제 등이다.

67) 『日外』 卷23, p.161(六三), 附屬書, 「韓商ノ京城市中ニ揭示セル貼紙」; 『中日交涉史料』(台北: 文海出版社, 1963)(이하 『中日交涉史料』) 卷11(光緖 16年 1月 12日, 1月 16日); 『統記』 第23冊, 高宗 27年 1月 11日條. 1890년에 두 번째로 발생한 시전민(市廛民)의 실력 행사는 우포도대장 한규설(韓圭卨)과 소인(小人) 고영량(高永根)에 의해 조직적으로 선동·독려되었는데 당시 청·일 양국공사관 측과 조선 관리들은 한규설의 배후 조종자를 미국인 고문 데니나 러시아 공사 웨베르로 추측했으나, 고종이 직접 한규설에게 내린 밀명이었다 한다.

68) 『日外』 卷23, p.165(六四): "督辦ハ後二十日間 以內二十日淸兩國商民撤棧ノ回答ヲ約セル所商民 一同納得退散ニ日ヨリ開店セル旨具申ノ件".

69) 『日外』 卷23, p.166(六四), 附屬書 督辦ノ市民ニ對スル告示文.

70) 국왕 친서는 『淸案』 19冊(1120), 「朝淸商民水陸章程 第四條 改訂要請의 件」

(高宗 27年 2月 2日)에 실려 있다.

71)『日外』23卷, p.183(七五), 撤棧ノ件ニ關シ朝鮮國政府問議官邊錫運天津ニ於テ李鴻章ト交涉中ナル旨報告ノ件. (七六) 在天津理事官金明圭韓廷ニ向ケ歸國方發電ノ眞相ニ關シ報告ノ件. (附屬書) 金明圭邊錫運兩人李鴻章ト面談ノ次第 등.

72)『李文忠公全集電稿』卷12,「袁道來電」(光緖 16年 1月 10日),「覆朝 鮮袁道」(光緖 16年 1月 10日);『李文忠公全集 寄譯書』(光緖 16年 12月 13日, 15日);『中日交涉史料』卷11,「北洋大臣來電二」(光緖 16年 1月 12日),「北洋大臣來電」(光緖 16年 1月 13日),「北洋大臣來電」(光緖 16年 1月 16日) 등.

73)『李文忠公全集電稿』卷12,「覆朝鮮袁道」(光緖 16年 1月 初10日).

74)『日外』卷23, p.187(七六), 附屬書,「金明圭邊錫運兩人李鴻章ト面談ノ次第」.

75)『日外』卷23,「京城撤散ノ件」, pp.158~183(六三~七六).

76)『統記』第20册, 高宗 26年 5月 25, 26, 27日條

77)『李文忠公全集 譯署函稿』卷13,「議朝鮮通商章程」(光緖 8年 8月 29日), 附件 朝鮮侍講 魚允中 節略.

78)『李文忠公全集 譯署函稿』卷19(附件),「赫總稅務司面遞節略」(光緖 15年 7月 22日).

79)『統記』第18册, 高宗 25年 11月 8日條.

80)『統記』第18册, 高宗 25年 10月 6日, 10月 8日, 10日, 11日;『統記』第19册, 高宗 26年 1月 12日;『統記』第20册, 高宗 26년 5月 17日條 등.

81)『統記』第20册, 高宗 26年 4月 1日, 5月 4日條.

82)『統記』第21册, 高宗 26年 7月 16日條.

83)『統記』第36册, 高宗 30年 4月 24日, 6月 19日條.

84)『統記』第36册, 高宗 30年 5月 15日條.

85)『統記』第37册, 高宗 30年 7月 10日, 24日條.

86) 仁川府史 所藏, 明治 18年 1月 25日,「領使代理久水三郎ヨリ高平臨時代理公使宛」

87)『淸案』 第12冊(598), 「淸國船數十隻의 海州馬山浦上陸掠奪의 件」(高宗 24年 4月 6日).

88)『淸案』第13冊(641), 「鴨綠江一帶朝中商民의 貿易漏稅防止에 關한 照會」(高宗 24年 7月 28日).

89)『統記』第12冊, 高宗 24年 1月 23日條, 「附箋記錄 袁館照覆」.

90)『統記』第13冊, 高宗 25年 5月 8日, 21日, 22日條.

91)『淸案』第17冊(996), 「淸商의 密入國貿易嚴禁에 關한 照會」(高宗 26年 7月 17日);『日外』卷22, p.381(159), 「平壤地方ニ於ケル淸國人ノ密商情況報告ノ件」(機密第41號), 近藤代理公使ヨリ大隈宛. 明治 22年 8月 4日.

92) 주 91)과 같음.

93)『日外』卷22, p.385(160), 「平壤開港ハ得策ナル旨上申ノ件(附屬書一) 明治23年 8月 7日 近藤代理公使ヨリ朝鮮國閔督辦宛書翰寫」.

94)『統記』第21冊, 高宗 26年 7月 18日, 20日, 21日, 22日, 24日, 29日, 同年 8月 4日, 8日條.

95)『統記』第21冊, 高宗 26年 8月 16日條, 철도첨사(鐵島僉使) 류기완(柳冀完)은 '천부징세(擅復徵稅)'의 죄로 파출하고, 심문해 엄중히 처벌(罷黜拿問嚴勘)하도록 했다.

96)『淸案』第61冊(961), 「密入國하여 設店, 交易하는 淸商의 査禁懲辦에 關한 照會」(高宗 26年 5月 25日).

97)『日外』卷22, p.390(162), 「淸國人ノ密商解決方針ニ關シ請訓ノ件 近藤代理公使ヨリ大隈外務大臣宛」, 明治 22年 9月 3日.

98)『統記』卷21, 高宗 26年 己丑 7月 29日.

99)『統記』卷21, 高宗 26年 己丑 7月 29日.

100)『統記』第20冊, 高宗 26年 5月 25, 26, 27日條.

101)『統記』第22冊, 高宗 26年 9月 21日條.

102)『統記』第21冊 高宗 26年 11月 5日條; 한우근,『한국개항기의 상업연구』, 67쪽에 보면 다음과 같다. 대동강 구안개항(口岸開港)의 이(利)를 들어 ① 전

일(前日)의 잠사지상(潛私之商)으로 지목되던 것이 양상(良商)으로 될 것이요, ② 설법(設法)하여 방범(防範)하지 않는다 해도 간상(奸商)이 종적(從跡)을 거둘 것이요, ③ 약정(約程)을 준수하여 무역하면 해도(該道)의 물산이 더욱 무성(茂盛)할 것이요, ④ 국가의 체모에도 부응(副應)되어 방교(邦交)가 더욱 돈독하게 될 것이다.

103) 『統記』 第27册, 高宗 28年 2月 16日條.

104) 『統記』 第13册, 7月 19日條.

105) 『統記』 第20册, 高宗 26年 7月 11日, 18日, 22日, 24日, 29日, 同年 9月 2日, 29日條 .

106) 『統記』 第23册, 高宗 27年 2月 28日條.

107) 『統記』 第23册, 高宗 27年 2月 26日, 28日, 閏2月 14日, 17日, 18日條.

108) 『露國大藏省』, 日本農商務省 譯, 『韓國志』, pp.130~131.

109) 『統記』 第27册, 高宗 28年 2月 8日, 9日, 21日條.

110) 『統記』 第28册, 高宗 28年 4月 1日, 2日條.

111) 한우근, 「개항후 금의 해외 유출에 대하여」, ≪역사학보≫, 22집(1964).

112) 1897년 목포와 진남포가 개항됨으로써 일본은 그간 소원하던 조선 서해안에서의 개항장 설치를 달성하게 되었다.

6장

조선의 양무자강에 대한 청의 지배

해관 · 차관 · 전선 · 윤선 사업

이 장에서 서술할 해관(海關)·차관(借款)·전선(電線)·윤선(輪船) 각 부문은 모두 1850~1860년대 이래 영국을 선두로 한 서양 열강의 중국 침략과 그에 대응한 청국 양무파(洋務派) 관료들의 자강운동(自强運動) 결과 1880년대까지 중국에서 추진된 사업으로, 서양 문명의 과학·기술과 제도로부터 차용한 이른바 양무사업의 일환이었다. 1870년대 말 조선과 일본의 개항 이후, 특히 1882년 미국을 필두로 한 서양과 조선의 개항 과정에서 이홍장 등 중국의 양무파는 조선의 국제적 개방 과정에 직접 개입했다. 그들의 개입 명분은 조선의 보전을 위해 서양과의 수교와 조선의 자강을 청이 인도한다는 것이었다. 그러나 이와 같은 청의 개입은 새로운 서구 중심의 조약 질서 속에서 중화제국의 국제적 안보를 위해 조선과의 전통적 종주권을 이용해 조선에 대한 청국의 우세한 지배력을 유지하려는 것이었다. 따라서 이홍장을 중심으로 한 중국 양무 관료의 조선 관련 외교는 언제나 조선에 대한 중국의 기득권인 청조의 종주권을 구미와 일본에 주장하고, 조선을 조약 체제 내에서 중국의 실질적 속국으로 전화하려는 끈질긴 시도를 멈추지 않았다.

청조 간섭 정책의 현지 추진자인 원세개의 내정간섭은 군사력과 양무사업을 발판으로 확대되어 조선 정부와 궁정의 정치적 주권까지 침해할 지경에 이르렀다. 청·일 양국에 비해 20년 이상 뒤늦은 개항으로 가뜩이나 불리했던 조선의 자강 정책은 사실상 원세개를 대리인으로 한 중국의 통제 때문에 시작부터 자주적 실험과 발전의 기회를 박탈당한 것이다. 물론 중국과 러시아 사이에서 끝임 없이 동요한 고종과 민비 중심의 조선 정부가 사대적으로 대외에 의존했다는 책임에서 벗어날 수는 없지만, 개방 초기 청이 조선에 미친 폐해는 매우 심대한 것이었다.

1. 해관 운영에 대한 간섭

조선 해관(海關)은 창설 당시부터 다분히 타율성을 띠고 있었다. 조선 정부는 일찍부터 해관 창설의 필요성은 인식했으나, 근대적인 국제무역에 대한 지식이 없었고 또한 해관 업무를 잘 아는 조선 관리가 없었기 때문에 강화조약 이후 일본인의 수출입품에 대해 징세를 하지 못하는 실정이었다. 더구나 미국을 비롯한 서양 각국과의 통상조약이 체결되어 서양 상선의 내왕이 시작될 것이기 때문에 해관을 설립하고 관세를 징수하는 일이 시급해졌다.

이리하여 청의 북양대신 이홍장의 주선으로 독일인 묄렌도르프를 고빙해 1883년 조선 해관을 개설하고 인천, 부산, 원산에 각기 해관을 설치했다. 처음 설립된 조선 해관은 여러 면에서 중국의 해관을 본떴다. 총세무사가 서양인이고, 각 항의 세무사 및 그 밖의 직원 모두가 서양 각국의 사람이었다는 점이 그러하다.[1] 조선 해관은 창설 이래 한일병합에 이르기까지 약 30년 동안 줄곧 서양인으로 인력을 충당했다.[2]

조선은 처음 묄렌도르프에게 대단한 기대와 희망을 걸고 있었

인천 해관

기 때문에 외아문의 협판, 해관의 총세무사, 전환국 총재 등 요직에 제수했다. 그러나 그가 러시아와 결탁해 음모를 꾸몄다는 혐의로 청에 의해 실각되자, 묄렌도르프가 세웠고 그의 지휘와 통제로 운영되던 조선 해관의 성격이 크게 변모했다.[3]

묄렌도르프에 이어 임용된 사람은, 청의 총세무사 하트[4]가 인선한 중국 해관의 북경 본서에 있던 미국인 메릴이었다.[5] 묄렌도르프와 메릴은 둘 다 중국이 추천했으나 그 신분이나 권한은 사뭇 달랐다. 묄렌도르프는 조선 정부의 고빙을 받아 취임해 조선에 대해 각종 개혁 의견을 개진할 수 있는 직책에 있었으나, 중국에서 총세무사로 파견한 메릴은 어디까지나 중국 해관원이었고, 또한 조선 총세무사직 외에 다른 일은 맡을 수 없었다. 게다가 메릴은 조선 해관을 중국 해관에 예속시킬 임무를 띠고 부임한 것이다. 그러므로 그는 해관 업무만 맡았고 묄렌도르프가 겸했던 외교 업무는 천진에서 미국 영사를 지낸 바 있는 미국인 오언 데니가 맡았다.

이홍장은 조선 총세무사 인선에 신중을 기해 메릴을 고용하고 그에게 엄밀하게 지시를 내렸다.[6] 조선 해관 행정에 대한 하트의 태도는 이홍장과 비교해 더욱 적극적이었으며 메릴의 임명은 '하트 방안(方案)'의 실현을 위한 것이었다고 할 수 있다.[7] 원세개는 부임 즉시 조선 해관의 인사 문제에 참견했다. 그는 1885년 9월 대원군을 호송해 내한한 다음 묄렌도르프를 해직시키고 메릴에게 새로운 직책을 부여하게 하려고 노력했다. 이때 조선 정부는 '대원군 귀환'과 '묄렌도르프 해임 사건'으로 원세개와 관계가 좋지 않았기 때문에 중국이 파견한 신임 총세무사 메릴에게 냉담했는데, 원세개가 재삼 재촉한 이후인 10월 14일(음력 9월 7일)에 이르러 처음으로 호조 참의형(參議銜)과 총세무사직을 제수했다.[8] 메릴은 취임 이후 착실히 하트의 지령에 따라 행동했다.

1886년 봄, 메릴은 해관원의 인사 조치를 단행해 인천·부산·원산의 세무사에 각각 독일인 J. F. 쇠니케(J. F. Schoenicke), 프랑스인 T. 피리(T. Piry), 영국인 E. F. 크리그(E. F. Creagh)로 교체하고 11명의 인원을 해임했다.[9] 이 당시 인사이동은 중국 총세무사 하트의 지령에 의한 것이며, 또한 원세개의 양해를 얻은 이후 진행된 것이었다. 이후 조선 해관은 중국 해관의 부속 기구로 변했고, 모든 조선의 해관원은 하트가 조정해 파견한 사람이어서 조선 해관의 인사권이 중국의 수중에 완전히 들어간 셈이었다.[10] 또한 조선 해관에 고용된 서양인 해관원에 대해 청국 해관 측이 기본 봉급을 지급하도록 한 것은 말할 것도 없이 조선 해관을 실질적인 면에서 지배하려는 청의 조치였으나 총세무사 메릴의 급료만은 조선 정

부의 반대로 결국 조선 측에서 그 전액을 지급했다.[11]

당시 원세개와 조선의 서양인 해관원은 '중국의 종주권 강화'라는 목표에 대해서는 근본적으로 의견이 일치해 대립할 이유가 없었으나, 원세개가 너무 조급하고 지나치게 '종주국'의 권위를 강조함으로써 해관원의 양해를 얻지 못했을 뿐 아니라 쌍방의 상호협조가 잘 이루어지지 않았다. 1885년 겨울에 있었던 대대적인 인삼 밀수 사건인 '인천해관 사건'이 바로 그 단적인 예이다.[12] 원세개는 북양대신의 훈시에 따라 해결에 나섰고, 또한 메릴 총세무사와 김윤식 독판이 협력해 사건은 해결되었다.[13] 이것은 당시 원세개의 지나친 횡포를 잘 드러내는 사건이라 하겠다.

청국의 조선 무역 상황은 원세개가 파견된 이래 상승일로에 있었다. 메릴은 각 항구의 관세 징수에 노력하는 한편, 세수 증가를 계획했으나 효과를 거두지 못했다.[14] 원인은 각지에서 밀수가 창궐했기 때문인데, 이를테면 중국 수병의 인삼 밀수나 청·일 양국 상인의 목선(木船) 밀수가 심했고, 더욱이 평양 부근의 밀수가 가장 심했다. 메릴은 원세개에게 중국 상인의 밀수를 취체(取締)해 줄 것을 청하고 이어서 평양항(大洞江口) 개항 의견을 제시해 밀수를 근절하고 정식 통관으로 세관 수입 증대를 기도했으나, 일체의 계획은 원세개의 저지로 모두 실패하고 말았다.[15] 메릴의 적극적인 정책 추진과, 청·일 간의 상업 경쟁의 격화로 조선에 대한 양국의 무역량이 증가하면서 세수는 점차 상승했다. 조선 총세무사는 중국 해관에 반드시 수입품·수출품 목록, 징수된 세금과 각 해관의 경비 지출에 대해 상세한 정황을 보고해야 했다.[16] 메릴의

〈표 6-1〉 조선의 각 항구 관세 통계표

(단위: 멕시코 달러)

지역별 / 연도	인천	부산	원산	합계
1886	78,944.24	35,665.73	45,668.00	160,277.98
1887	124,004.14	69,741.65	56,950.53	241,701.32
1888	138,942.83	66,911.74	61,360.41	267,214,98
1889	129,36767	85,525.29	65,106.80	279,990.76
1890	201,821.72	151,305.78	48,904.85	402,032.35
1891	294,336.08	198,928.89	54,682.61	547,947.50
1892	251,965.29	138,824.67	46,364.64	437,154.50
1893	195,450.51	104,701.22	5,588.79	305,940.52

자료: 林明德, 『朝鮮檔』, 『袁世凱與朝鮮』, p.179.

보고에 따르면 1888년의 무역액과 세수는 대폭 증가했고 이어 1890년에 상승 속도를 거듭하다가 1891년에는 최고액에 도달했으나, 그 후로 하강 추세를 보였다(〈표 6-1〉).

조선 해관은 한편으로 원세개의 제재를 받고 다른 한편으로 하트의 견제를 받았는데, 그 두 사람의 목표는 청의 종주권을 공고히 하는 것으로 서로 일치했다. 하트의 최종 목표는 청국 해관과 조선 해관의 연합이었으며, 스스로가 조선 총세무사를 겸하려고 했다.[17] 그는 1886년 상해 해관 조책처(造冊處)에 명해 조선 해관의 분기별 보고서를 청국 해관의 『무역총책(貿易總冊)』에 부록(附錄)으로 합간하게 했고, 아울러 메릴에게 조선의 『무역정형(貿易情形)』의 조책(造冊)을 중국 해관에 의뢰하도록 지시했다.[18] 이처럼 조선 해관의 계보(季報) 및 연보(年報)와 중국 보고를 합간한 것은 조선에 대한 청의 종주권을 대외적으로 홍보하는 데 큰 도움이 되었다.

메릴은 1885년 10월 말부터 1889년 11월 쇠니케로 대체되기까지 4년 동안 총세무사로 재임하면서 조선 해관의 성격을 크게 전환시켰다. 여기에는 원세개가 이홍장의 후광을 입고 메릴에게 가한 압력이 크게 작용했다. 메릴은 하트의 의도를 전적으로 받들었지만, 어느 정도 독립적인 행동을 취하기도 했다.[19]

메릴은 열강의 세력 각축장이던 조선에서 청의 독단적인 종주권 강요를 충심으로 받아들이기 어려웠기 때문에 1887년 주미 공사 파견 시에 원세개에 반대하고 조선 측을 두둔한 일이 있고 또 평양 개시를 권장함으로써 원세개의 반감을 사기도 했다. 원세개도 "미국인은 남의 나라 자주를 허용하는 버릇이 있다. 영국인들이 별로 편견을 안 가진 데 비하면 미국인은 그에 따르지 못한다"고 하면서 그를 못마땅하게 생각했던 것이다.

메릴과 조선 정부의 관계는 대체로 좋았으나[20] 원세개와의 불화로 메릴이 총세무사직을 퇴직한 후 묄렌도르프가 재부임을 꾀했으나 실패했고,[21] 원세개의 지지로 쇠니케가 대리총세무사가 되어 1892년 F. A. 모건(F. A. Morgan)이 임명될 때까지 3년간 근무했다. 그러나 쇠니케는 조선의 자주독립 운동을 동정해 원세개와 의견을 달리했으므로 그의 질책을 받았다.[22]

한편 1886년 묄렌도르프가 맡고 있던 외무협판직을 인계받은 데니는 이홍장의 추천으로 고빙되었으므로 이홍장 세력의 대변자로 간주되었으나 메릴과 달리 독자적으로 행동했고, 청의 대조선 간섭 정책을 비난하며 조선의 자주독립을 위해 노력했다.[23)]

1890년 데니가 사임하자 미국인 르장드르가 취임했다. 르장드르는 원래 프랑스인이었으나 미국에 귀화해 청의 하문영사(厦門領事), 일본의 외무성 고문을 역임한 바 있었으며, 주일공사 김가진의 추천으로 채용되었다. 메릴이 사임해 해관의 총세무사직이 공석이었으므로, 조선 국왕은 그에게 해관의 일을 맡기려고 했다. 청의 간섭에서 벗어나 해관을 독자적으로 운영하고자 했던 것이다. 그러나 원세개의 방해로 이루지 못했고,[24)] 이어 르장드르는 내아문(內衙門) 협판으로 옮기게 되었다.[25)]

조선 조정은 데니와 르장드르의 도움으로 오랫동안 인사권 자주를 꾀하면서 청의 조선 해관 인사권 장악에 저항했다. 그러나 청 측은 조금도 양보하지 않고 총세무사 임명권을 장악했다. 하트는 1891년 서리 쇠니케를 면직하고 다시 메릴을 임용하고자 했으나 원세개는 메릴의 복직을 결사반대 했다. "조선인은 미국인을 평소에 좋아하고 자주를 얘기하기 좋아하니, 만약 다시 청이 미국인을 파견하면 서로 부화뇌동할 것이므로 타당치 않은 것 같다"는 이유에서였다. 원세개는 쇠니케의 유임에 찬성했다.[26)]

하트는 마침내 절충안을 제시했는데, 인천 세무사 모건을 파견해 쇠니케 대신 서리로 취임하도록 하는 것이었다(1892).[27)] 그러나 조선 측은 이 임명에 선뜻 동의하지 않았으며, 해관의 자주권 회수(回收)를 쟁취하고자 여러 차례에 걸쳐 해관 인사에 대해 논쟁을 일으켰다. 이 문제는 1893년 매클리비 브라운(Macleavy Brown, 柏卓安)이 임명됨으로써 비로소 해결되었다.[28]

2. 차관 교섭에 대한 간섭

관세는 조선의 세원(稅源) 가운데 큰 비중을 차지하는 것이었다. 당시 조선은 재정이 고갈되어 심한 곤란을 겪고 있었으므로, 걸핏하면 해관을 담보로 외국과 차관(借款) 교섭을 해왔다. 해관은 세원일 뿐만 아니라 이권을 매개로 외세와의 결탁을 가장 용이하게 할 수 있는 중요한 수단이었다. 즉 조선이 외국에서 차관할 때는 해관 수입을 담보로 하는 것이 통례였다. 대관(貸款)과 상환(償還)에서 해관의 효율적 기능을 외국인들이 인정했으므로, 차관 교섭은 주로 주한 외교 사절들에 의해 추진되었다. 해관은 곧 채권국의 정치 세력을 도입하는 매체 역할을 했다. 조선 정부는 1880년대에 들어서면서 개화정책을[29] 실현하고자 했다. 따라서 개화에 들어가는 자금 일부를 해외 차관으로 충당할 수밖에 없었다. 임오군란을 치르고 나자 조선의 재정난은 최악의 상태가 되었다.

조선의 경제는 아주 낙후된 상태였으나 궁중 생활은 극도로 사치해 재정 상태가 더욱 악화되었다. 임오군란 직후 "나라에는 한 달 쓸 비축도 없다(國無一月之儲)"[30]라는 김홍집의 탄식이나 갑신정변 후 "나라가 한 해 30만 냥을 쓴다(國用年三十萬兩)"[31]라는 원세개의 보고는 그 당시 재정 상황을 단적으로 나타낸 말이다.

청국 조정은 당시 서양 열강의 제국주의적 침탈로 인해 혼란한 와중에도 조선에 출혈 차관을 해 군사·정치·경제·외교 등 각 부문에 걸쳐 세력을 침투시키기 위해 갖은 노력을 다 했다. 조선 정부가 당시 매우 열악한 재정의 해결책을 해외 차관에서 구했음은 당연했다. 청은 조선이 제3국에서 차관을 구하는 것을 저지하고 조선 재정의 궁핍을 가속화해 중국에서의 차관을 강제함으로써 조선과 청국의 종속관계를 한층 더 강화하려고 했다.

그러면 청국은 차관 공세를 통해 어떻게 세력 침투를 기했으며 이 과정에서 원세개가 어떤 활동을 했는지 살펴보고자 한다. 1882년 청국은 '조청상민수륙무역장정'과 50만 냥 차관 조약을, 일본은 '조일수호조규(朝日修好條規) 속약'과 17만 원 차관 조약[32]을 각각 체결하고 조선에 대한 경제적 침탈의 기초를 다져놓았다.

조선 최초의 차관은 1882년 8월 청에서 들여온 50만 냥으로, 이것은 이홍장의 비준을 거쳐 당정추(唐廷樞, 탕팅수)와 마건충 등이 초상국과 광무국 양 국에서 연리 8리, 5년 거치 7년 상환을 조건으로 빌려주도록 주선한 것이다. 차관 조건은 다소 후한 셈이었지만, 해관세·홍삼세·광세 등 두 겹, 세 겹의 담보를 순차로 설정해 놓음으로써 청은 일본이나 서양 열강들에 앞서 조선에서 주요 경제 이권을 선점할 바탕을 구축했다.[33] 이와 같이 청은 조선의 재정적 취약성을 이용해 적극적인 대규모 차관 공세를 취함으로써 일본에 뒤지고 있던 조선 경제 침탈에서 도약할 계기를 마련했다.

1885년 가을 조선 정부는 일본 정부가 임오배상금 40만 원 지불을 심하게 독촉하자 독일의 세창양행(世昌洋行, Edward Meyer &

세창양행
앞줄 오른쪽이 마이어이다.

Co.)[34]으로부터 2만 파운드(10만 원)를 차관했는데, 연리 1푼 2리이고 해관(海關)·우피(牛皮)·사금(沙金) 등을 담보로 했을 뿐 아니라 독일 선박의 전라도 세미(稅米) 전운 이권을 부대조건으로 하는 등 매우 까다로운 조건이었다. 원세개는 조선 정부에 압력을 가해 독일 상사의 차관 제공을 거절하도록 종용했으므로, 결국 원세개의 조정으로 이율을 1푼으로 하고 우피와 사금의 담보는 면제했다. 이는 조선을 위한 것이 결코 아니었으며 독일 상인의 상업 이권 독점으로 청상이 곤란해지거나 손해를 입을 것을 크게 두려워했던 것이다.[35]

이보다 앞서 조선과 청국 간에는 1885년 6월 '의주전선(義州電線: 西路電線)조약'을 체결했는데, 가설 경비를 청국의 차관으로 하는 조선이었다. 그 내용은 청의 화전국(華電局: 중국전신국)이 관평은(關平銀) 10만 냥의 차관을 제공하되 조선은 5년 거치 20년 기한으로 매년 5000냥씩 무이자로 상환하는 것이었다.[36] 5년 거치 20년 분할 상환의 좋은 조건을 제시한 동기는 청이 불리한 조건을 제공할 경우 조선 측이 상환 부담 때문에 청 외의 국가에서 차관을 도입하는 것을 막고, 조선에서 25년간 전선 부설권과 관리권을 독점하고자 한 데 있었다. 이 차관으로 조선은 전신에 관한 일체의 이권을 빼앗겼고, 조선의 전보국은 화전국의 지방 전보국으로 격하되었다. 원세개는 1885년 10월 이 전선이 가설된 후 조선 정부가 적극적으로 전개한 제3국에서의 차관 도입 계획을 전선을 이용해 효과적으로 저지할 수 있었다.

조선의 경제 상황은 극단적으로 악화되어 차관을 도입한 지 몇 년 지나지 않아 또다시 거액의 차관을 필요로 했다. 누적된 각종 외채를 새로 차관을 얻어 상환할 수밖에 없었던 것이다. 다시 말해 빚으로 빚을 갚을 수밖에 다른 도리가 없었다.[37] 1889년까지 조선 정부의 내외채 총액은 대략 130만 냥으로 추산된다.[38] 고종은 빚 발치는 외채 상환 독촉과, 미상환에 따른 이권 침탈에서 벗어나고 청의 지나친 간섭을 물리치기 위해 원세개의 첩자가 들끓는 외아문을 제쳐놓고 외국 고빙 인사를 통해 차관 도입을 추진했다.

호러스 알렌

고종은 1887년 8월 박정양을 주미전권공사로 임명하고 또한 호러스 알렌(Horace N. Allen: 주미조선공사관 참찬관)에게 200만 달러의 미국 차관을 주선하게 함으로써 원세개의 극단적인 내정간섭에서 벗어나려고 했다.[39] 하지만 미국 차관 교섭은 결국 청국의 간섭으로[40] 실패로 돌아갔다. 주미 공사 파견과 차관 교섭의 실패는 조·청 간의 종속관계를 미국 조야에 널리 인식시키는 결과가 되었다.

당시 조선 정부 내에서는 이권 회수 운동이 계속되고 있었는데, 1889년 5월 민영익은 외교 고문 데니, 주한 프랑스 공사 콜린 드플랑시(Collin de Plancy, 葛林德)와 함께 비밀스럽게 차관 교섭을 진행한 끝에 프랑스 은행(公達銀行)에서 200만 냥을 차관하기로 약속받았다.[41] 이 200만 냥 가운데 130만 냥으로 각국의 대소 차관을 원리금 합해 청산하고 나머지 70만 냥을 광산 개발과 철도 부설을 위한 자금으로 충당하고자 한 것이었다. 외아문 독판서리 조병직(趙秉稷)을 통해 이를 알게 된 원세개는, 이 차관이 해관 담보임을 알게 되자 즉각 조병직 등에게 압력을 넣어 중지시켰다.[42]

원세개의 반대 이유는 첫째, 조선이 타국에서 차관하는 것을 저지해 청에서만 차관하도록 하고, 둘째, 조선이 외채 도입으로 전신국을 회수하려는 계획을 저지하고자 한 것이다. 이 일이 있은 뒤 청국의 총세무사 하트의 건의로 이홍장은 조선의 차관 도입을 봉쇄하는 외교적 조치로서, 각국에 조회를 보내 "앞으로 어느 나라든지 청국 정부의 인준 없이 조선과 계약한 차관은 무효"라고 선포했다. 그가 이렇게 주장한 이유는 청국과 조선은 종속관계이고 조선의 해관 업무는 모두 청국의 관리하에 있기 때문이라는 것이다.[43]

또한 원세개는 청 정부의 훈령을 받아 청의 공식적인 기본 입장, 즉 "국제법상 조선은 중국의 속국이며 청국을 제외한 타국으로부터의 차관은 청의 결재를 받아야 한다"[44]는 것을 조선 정부에 통고하고, 초상국 차관의 상환 연기라는 회유책을 써서 고종을 설득하고 협박하려 했다. 그러나 원세개는 조선의 실정을 살펴볼 때 제3국에서의 차관 도입이 불가피한 실정이었다는 사실을 깨닫고 이홍장에게 조선에 대한 청국의 적극적인 차관 제공을 건의했다.[45] 이러한 청국 측의 차관 제의에도 조선은 독자적으로 제3국과 차관 교섭을 시도했다. 같은 해 6월에 들어서면서 고종은 근신(近臣) 한규설(韓圭卨)을 홍콩에 파견하고 민영익, 데니와 비밀리에 상담하게 하여 미국 상사 타운센드양행(湯生洋行, Morse Townsend & Co.), 영국 상사 이화양행(怡和洋行, Jardin Matheson & Co.), 회풍양행(滙豊洋行) 등에서 200만 냥을 차관하도록 지시했으나, 또다시 원세개의 저지로 실패하고 말았다.[46] 조선이 제3국과의 차관 도입에 모두 실패하고 청국으로부터만 차관을 받을 수밖에 없었던 배경에는 원세개가 있었다. 이는 청의 고위 관리 옹동화 등의 주장이기도 했다.[47] 원세개와 옹동화 등의 적극적인 차관제공론과 함께 적극론을 전개한 사람은 하트였다. 하트는 '총세무사혁덕면체절약(總稅務司赫德面遞節略)'(이하 '면체절약') 8조를 총리아문에 제출했다.[48] '면체절약'의 요점은 다음과 같다.

① 청은 각국에 조회해 조선 차관을 저지·거절케 하고, 청과 조선의 종속관계를 표명한다.
② 청은 조선에 차관을 대여해 조선의 채무를 상환케 한다.
③ 조선은 해관 수입을 저당 잡혀 중국에서 차관한 원리금을 상환하

고, 또 평양을 개항해 관세를 풍족히 한다.

차관 제공을 통해 외세 침투를 사전에 봉쇄함과 동시에 조선에 각국 외채를 청산할 차관을 제공함으로써, 실질적으로는 자신의 지속적인 관심사였던 조선 해관을 직접 장악하고 명목적으로는 종주권 강화를 표방하고자 했다. 이홍장은 하트의 건의를 결코 지지하지 않았다. 그것은 조선의 상환 능력 부족과 일본·러시아 등의 반응을 고려했을 뿐 아니라 하트의 권력남용을 두려워했고,[49] 또한 해군 확장, 철로 건설 등으로 인한 청의 재정난을 고려했기 때문이다. 이런 가운데 메릴도 데니와 함께 고종의 차관 교섭에 응해 프랑스 공사와 이를 추진해 프랑스 은행으로부터 차관을 도입하려 했으나 이홍장과 원세개의 저지책으로 좌절되고 말았다.[50] 원세개는 메릴의 행위에 대해 "망령되게 분외(分外)의 일에 간여"한다고 몰아세우고 하트를 시켜 그를 힐책하도록 권고했고, 그 이후 3개월이 지나서 메릴은 총세무사직에서 물러났다.[51]

1890년 2월 조선 정부가 데니의 후임으로 프랑스계 미국인 르장드르를 임명하면서 고종의 외채 도입책이 새로운 국면을 맞자 청국도 아연 긴장했다. 고종은 르장드르에게 총세무사직을 맡김으로써 외국으로부터 차관해 청의 간섭에서 벗어나 해관을 독자적으로 운영하고자 했던 것이다. 르장드르는 원세개의 방해로 총세무사직을 차지하지 못하고 내아문 협판을 제수받았었다.[52] 그러나 조선 정부는 르장드르를 파견해 일본과 150만 원 차관 계약에 합의했다. 그 조선은 해관을 저당으로 잡히고 12년 분할로 원리금을 상환하는 것이었다.[53] 이홍장과 원세개는 주일공사 여서창(黎庶昌, 리수창)을 통해 르장드르의 차관 활동을 저지했는데, 이 일은 결국 조선과 일본 쌍방이 제시한 조건이 일치하지 않아 실패했다.[54] 이 일이 있은 다음 청국은 1890년 3월 중순에 조선과 청국의 종속관계사에서 중요한 성명을 발표해 각국에 조선과 '차관지사(借款之事)'를 상의하지 말 것을 탄원했으니 그 요지는 다음과 같다.[55)]

> 조선은 빈곤한데 낭비가 심해 상환하는 것도 어려우니 각국 상사는 조선에 차관을 제공해서는 안 된다. 장래 채무를 상환하지 못하는 일이 있어도 중국은 보증을 하지 않는다. 만약 각국이 외채 때문에 조선 해관을 저당하고자 해도 중국은 역시 절대 윤허하지 않는다.

중국의 성명에 대해 영국은 제일 먼저 찬성했고, 프랑스·벨기에·이탈리아 등은 이의를 제기했으며,[56] 러시아와 미국은 의견을 표시하지 않았고,[57] 일본만이 반대 의견을 표시했다. 일본 정부는 "차관은 해당국이 스스로 처리할 일"이라고 성명하고 중국이 조선 차관에 간섭할 권리를 부인했다.[58] 이홍장은 원세개에게 명해 기회를 틈타 조선이 중국과 차관에 합의토록 하라고 지시했다.[59]

그러나 고종은 이에 불응하고 르장드르에게 명령을 내려 미국 상사나 은행계와 차관 접촉을 하도록 했다. 그는 미국 은행에서 100만 원을 차입하고, 그 대가로 20년간 광산 1개 처를 조채(租採)할 계획을 세웠으나 광산 저당이 말썽이 되어 이것 역시 성공하지 못했다.[60] 이어 르장드르는 세창양행에서 차입하려고 독일 영사를 만났지만 영사의 반대로 이것도 실패했다.[61] 6월에 르장드르는 재차 미국에서 150만 원 차입 계획을 세웠으나 주미 청국공사가 신문을 통해 미국 상인과 금융업자들의 대조선 투자를 방해했으므로 이 또한 실패했다.[62] 그 후 1892년 초 르장드르가 제주 어채(魚採) 문제로 일본에 파견되었을 때, 다시 일본에서 200만 원을 차입해 100만 원은 청국 부채 상환으로, 또 100만 원은 화폐 발행에 사용하려고 했지만 이 역시 성공하지 못했다.[63]

이와 같이 수차례에 걸친 르장드르의 차관 계획이 실패한 것은, 무리한 계획에도 문제가 있었으나 그보다는 전례 없이 강력하고 조직적인 청국의 저지 정책 때문이었다. 원세개와 청국 조정은 조선 경제와 재정 방면의 개선에 대해 신경 쓰지 않고 오직 외국으로부터의 차관을 저지하고 청국으로부터의 차관만 허용함으로써 종주권을 강화하고자 했으나, 실상 이홍장과 원세개의 대관(貸款) 계획은 지지부진한 상태였다.

1892년 봄 원세개가 휴가차 본국에 돌아가 있는 동안 조선 정부는 일본으로부터 25만 원을 차관하기로 계약했다. 이는 전환국의 신식 화폐 주조를 충당하기 위한 것이었다. 휴가를 마치고 귀임한 원세개는 조선 정부에 일본으로부터의 차관을 속히 상환하고 앞으로는 반드시 청국에서만 차관하라고 강력히 요구했다.[64] 이홍장은 조선 정부가 여러 차례 시도한 대규모 차관 교섭에 자극을 받아 종래의 소극적인 태도에서 적극적인 태도를 보였다. 원세개에게 조선 해관을 담보로 차관을 제공하겠다는 의사를 조선정부에 전달하도록 지시한 것이 그것이다.[65]

조선 조정은 앞서 전운서(轉運署)에서 미국 운반선을 구매할 때 독일 상사 세창양행으로부터 차관한 바 있었는데 기한이 지나도록 이를 상환하지 못했다. 게다가 이자가 가산되어 상환할 금액이 10만 냥에 이르고 또 상환 독촉도 심했다. 고종은 차관과 관련해 청의 간여를 받지 않고자 했으나, 누차의 차관 도입 실패로 말미암은 좌절감과 독일 상사의 심한 상환 독촉 때문에 하는 수 없이 원세개에게 요청해 청 상사 동순태로부터 월리 6리, 80개월에 분할상환을 하기로 하고 10만 냥을 차관했던 것이다.[66]

이 10만 냥 차관은 1892년 8월 19일 전문 7조의 차관 계약으로 정병하(鄭秉夏)·담이시(譚以時, 탄이스)·민종묵(閔種默)·원세개 간에 체결되었다.[67] 그 내용은 최우선적으로 차관을 상환해야 한다는 것과 청 측이 독점적으로 차관을 제공한다는 것으로, 청의 의지를 강력히 표현한 것이다. 그러나 이 차관은 겨우 세창양행의 채무를 상환하는 것과 그 밖의 미세한 용도에 충당되었다.

조선 정부는 또한 이에 앞서 기선을 구입하기 위해 일본 제일은행과 미국 상사 타운센드양행으로부터 14만 냥을 차관했는데, 그것의 상환 독촉이 심해 또 다시 원세개에게 차관을 요청했다. 원세개는 "대여가 많으면 많을수록 청의 권리는 더욱 신장된다"고 했고, 이홍장도 이에 동감했다.[68]

이리하여 앞서 10만 냥을 차관한 지 42일 만인 10월 6일 재차 10만 냥 차관 계획을 체결했다. 계약 감정인(監訂人)은 원세개와 조병직 독판이고 계약 체결인은 화상(華商) 담이시와 조선 관리 정병하(전운아문 총무관)였다. 동순태로부터의 제2차 차관이

었는데 조건은 월리 6리, 인천·부산항 해관세로 100개월 분할 상환을 하기로 정했다.[69]

이 외에 원세개는 1개 항을 더 추가하고 부대조건을 첨가했다. 조선과 청상의 합작으로 회사를 설립하고 기선을 구입해 인천-한성에 청상의 화물과 조선의 조미(漕米) 10만 석의 운반을 담당하도록 하고, 그 이권을 15년간 동순태에 넘겨준다는 것이었다. 이에 조선 정부는 부득이 이를 수락했다.[70] 이 인천-한성 운항권이 인천-상해 초상국 윤선의 정기항로와 연결됨으로써 청국 상인의 경제적 활동에 지대한 영향을 미쳐, 조선에서 그들의 경제 침탈을 한층 확대시켰다. 이는 1890년대 초 청국 상인의 활동이 일본 상인의 활동을 압도하는 계기가 되었다.[71]

두 차례에 걸쳐 들여온 20만 냥의 청 정부 차관은 정치적·경제적으로 조선과 청국의 종속관계를 더욱 강화하는 데 기여했다. 그런데 조선은 20만 냥으로 큰 채무는 상환했으나 이외에도 잡다한 차관은 여전히 남아 있어 상환해야 할 금액은 수만 원에 달했다. 특히 일본 은행에 진 빚은 거액이었으나 기한이 넘도록 상환하지 못했으므로 조선 정부는 다시 원세개에게 차관을 부탁했다. 이에 원세개는 다시 청국 조정에 차관을 요구할 수가 없어서 부득이 방향을 바꾸어 청상의 사채(私債)를 끌어들이려 했으나 응모자가 없었다. 결국 상해의 영국 회풍은행과 상의해 1893년 정월 하순에 5만 원을 차관케 했다.[72]

1893년 봄 원세개는 이홍장에게 조선의 재정 상황과 중국 차관 대여의 필요성을 상술하고 차관 대여 계획을 제출했다. 그 요지는 다음과 같다.

① 광무국, 초상국, 해방지응국(海防支應局)은 수십만 냥을 모집하여 은행에 예치해 둘 것
② 조선의 요구에 따라 상기 각국의 명의로 대여할 것
③ 조선 총세무사는 해관세로 분기해 상환할 것
④ 차관 청산 후 조선 총세무사는 다음 차관의 도입 여부를 결정할 것[73]

이어서 또 원세개는 차관 대여의 '6대이익(六大利益)'[74]을 분석·설명하고 조선을 경제적으로 억압함이 중요하다는 것을 강조했다. 원세개가 계획하는 것을 종합해 보면 차관을 통해 조선의 속국화와 청의 종주국 지위를 더욱 강화하자는 것이었다. 이홍장은 "쓰다듬는 가운데 제어의 뜻을 두고 가히 조선의 이권을 조정하여 속번(屬藩)을 지배하는 것"이라 하여, 찬성하고 허락했다. 그리고 각국과 강해관도(江海關道) 등에 명령을 내려 가능한 한 자금을 조달해 원세개의 대규모 차관 계획을 즉시 밀고 나가게 했다.[75] 그러나 이 계획은 청국도 경제 사정이 어려워 거액의 자금을 모으는 것이 곤란했을 뿐만 아니라 얼마 후 닥쳐온 청일전쟁으로 실현되지 못했다.

3. 전선·통신 분야에 대한 간섭

우편제도와 더불어 전신 시설의 개설을 위한 정부의 적극적인 노력으로 1882년 말에 우정사(郵政司)가 설치되었는데, 이에는 홍영식의 활약과 독일인 묄렌도르프의 진언이 큰 영향을 미쳤다. 1884년 3월 홍영식이 우정총국 총판에 임명되고 그해 10월 드디어 근대식 우편 업무가 개시되었으나, 갑신정변으로 중단되고 말았다. 이 전신(電信) 업무는 경제적인 면뿐 아니라 정치적·군사적인 면에서도 큰 의의가 있었다. 최초로 조선의 전신 사업에 관심을 기울인 나라는 일본이었다. 그동안 조선에 세력을 뻗치고 있던 일본은 '강화도조약'이 체결된 1876년 1월에 이미 부산에 그들의 우편국을 개설한 데 이어 1883년 1월에 덴마크 대북부전신회사(大北部電信會社)의 청원을 받아들여 조선과 '부산구설해저전선조관(釜山口設海底電線條款)'을 맺은 후 1884년 2월에는 부산과 나가사키 간 해저전신선을 부설하고 아울러 일본 전신국을 부산에 개국했던 것이다.[76] 이것은 우리나라에 설치된 최초의 전신 시설로 정치적 목적에서 만들어졌다.

이처럼 일본이 진출하자, 청국은 조선을 정치·외교·군사·경제면에서 직접 지배하기 위해 무엇보다 전신 시설 가설이 급선무라는 것을 뒤늦게 깨달았다. 더욱이 조선에 설치된 일본의 전신 시설에 자극받아 청 또한 조선에 전선을 가설하고 이를 자국의 전신 시설에 연결할 계획을 수립했다. 임오군란 직후 이홍장은 천진-상해 전선(電線)을 그 중도에서 산동반도의 등주(登州)까지 연장하고 거기

서부터 조선의 인천까지 해저전선을 설치하려고 한 적이 있었다.[77]

그 후 일본이 나가사키에서 쓰시마를 경유해 부산에 이르는 해저전선의 가설을 기도한 데 대해 당시 청국의 주일공사 여서창은 다음과 같이 적극적인 반응을 보였다.[78]

> 일본이 조선과 통상만을 하고 있음에도 오히려 전신 경영이 이와 같은데 하물며 우리나라는 속방의 문호와 관계있는 일인데 어찌 그것을 도외시할 수 있겠는가?

청이 조선 문제에 간여하고, 날로 복잡해지는 일본과의 교섭에 대응하기 위해서는 반드시 전선 가설이 필요하다고 역설했다.

갑신정변 후에 조선에 온 회판북양사의(會辦北洋事宜) 도찰원(都察院) 좌부도어사(左副都御史) 오대징은 「주판조선선후사의접(籌辦朝鮮善後事宜摺)」[79]에 여순에서 시작해 봉황성을 경유하고 조선의 수도 한성에 이르는 육로전선을 가설할 것을 제의했다. 원보령 역시 조·청 간에 전신선을 가설할 것을 일찍이 역설한 바 있다.[80] 이홍장 또한 전선 가설에 대해 "역체(驛遞)의 지연과 과오를 면하고 주방(駐防)의 낭비를 없애기 위한 방법"이라는 의미에서 오대징의 제의에 찬동했다. 그리고 일본이 조선 전신 권익을 침탈하는 것을 방지하고 나아가 조선에 대한 중국의 통제를 더욱 강화하기 위해 드디어 중국전보총국 독판 성선회(盛宣懷, 성쉬안화이) 등에게 방법을 연구·의논케 했다.[81] 따라서 중국총판 전국공정(電局工程) 지부(知府) 여창우(余昌宇, 위창위)·진윤이(陳允頤, 천윤선) 등을 조선에

한성정보총국

파견했는데, 이들은 1885년 5월 중순에 조선 국왕의 협조를 요청하기에 이르렀다.[82]

조선 정부는 이에 동의하고 아울러 민영익을 시켜 전선 가설 문제를 협의하게 했다.[83] 이리하여 여창우·진윤이는 1885년 6월 6일(양력 7월 17일) 통서독판 김윤식과 '조청전선조약(의주전선계약)'을 체결했다.[84] 8조로 된 이 조약의 내용은 대략 다음과 같다.[85]

① 인천-한성-의주-봉황성 경유의 육로전선을 가설한다.

② 비용은 10만 냥을 청에서 차관, 5년 거치 후 20년으로 매년 5000냥씩 무이자 상환한다.

③ 이후 25년간 해륙 전신선 부설권을 타국에 허락하지 않고, 또한 화전국의 승인을 얻어 확충·증설할 수 있다.

④ 재료·기기·기술자·종사원·봉급·식대·여비 등을 모두 차관 금액에서 지급한다.

⑤ 차관이 상환될 때까지 중국 전보국에서 대리·관리한다.

⑥ 차관 금액 10만 냥은 중국 전보국이 천진의 회풍은행에 예치해 두고, 필요에 따라 인출·사용 후 북양대신에게 보고하고 조선 정부의 검사를 받는다.

⑦ 조선 정부는 전선 가설상의 방해·파손에 책임을 진다.

⑧ 준공 후 수리·보호를 위해 중국처럼 20리마다 병졸 1명, 100리마다 장교 1명을 두어 순회·감시케 하는데, 이들은 조선 정부가 뽑고 화전국이 관할한다.

이 조약의 규정에서 주목할 만한 것은 화전국(중국전신국)[86]이 10만 냥을 조선에 빌려주어 육로전선을 가설하고[87] 개통일로부터 시작해 5년 이후 20년 분할상환 하며, 이식이 없다는 것과 가설 후 25년 내 조선은 타국 정부나 공사에 조선 경내의 또 다른 수륙로(水陸路) 전선의 가설을 허락해서는 안 된다는 것이다. 전신 관계 일체의 일을 모두 중국이 대신 관리하며, 이후 조선 정부가 만약 전선을 확충·증설하려고 해도 역시 화전국의 승인을 반드시 받아야 한다는 것이다.[88]

'의주전선합동(義州電線合同)'이 체결되면서 양국은 즉시 가설 준비를 서둘러 1885년 8월 초 기술자, 견습공 및 H. J. 뮐렌스테드(H. J. Muhlensteth, 彌綸斯: 덴마크 기술자)를 비롯해 150여 명이 조선에 도착해 전선 가설에 착수했다. 1885년 8월 19일 준공과 더불어 개통 시험을 마치고 마침내 8월 20일 한성전보총국 개국과 동시에 개통하게 되었으니, 이것이 바로 한성-인천 전신선으로 우리나라

에서는 최초의 것이었다.[89]

경인 간의 전선이 개설된 다음, 연이어 전선 가설 공사가 진행되었다. 10월 6일에 한성과 의주 간 1053리에 이르는 전신선이 완공됨으로써 중국은 물론이고 세계 각국과 통신의 길이 열렸다.[90]

이렇게 가설된 경인(京仁) 및 경의(京義) 간 전선을 서로(西路)전선이라 했으며, 인천·평양·의주에 전보분국이 설치되었다. 이 서로전선의 운영은 '의주전선합동(義州電線合同)' 제5조에 의해 화전국에서 맡았으므로 결국 한성전보총국은 상해에 있는 중국전보총국의 지방 분국에 해당하는 셈이었다.[91] 서로전선은 청이 차관으로 제공한 자금과 기술로써 이루어졌을 뿐 아니라 순찰 장교와 병졸을 제외한 운영을 거의 전적으로 화전국이 맡았다.

한편 일본은 의주선 가설에 큰 자극을 받았다. 주한일본대리공사 다카히라 고지로(高平小五郞)는 본국 정부로부터 이를 막으라는 강력한 훈령을 받고, 즉시 '조일해저전선조약(朝日海底電線條約)' 위반[92]을 빌미로 조선 정부에 항의했다.[93] 이에 외무독판 김윤식은 '조일해저전선가설의정서'는 "결코 육선(陸線)을 포함한 것은 아니며, '의주선'은 '부장선(釜長線)'과 이익을 다투고 대항하기 위해 가설치 않는다"는 규정에 위배되지 않는다고 해명했다.[94] 그러나 다카히라 대리공사는 계속 여러 조항의 해결 방안을 제시하고 강경 수단으로 조선을 핍박했으나,[95] 일본 외무성 당국은 강경 수단이 옳지 않다고 보고 다만 1개 항의 기본 조건을 제출했다. 즉 "조선 조정은 의주 전선 가설로 일본이 입은 손실을 보상할 것과 다른 경부선(한성-부산)을 가설해 부산선과 연결하도록 한다"는 것이 그

것이었다.[96] 그 후 다카히라는 누차 조선 정부에 경부선을 신속히 가설할 것을 재촉했으나, 조선 정부는 경비 곤란을 들어 일본이 차관해 주면 가설을 고려하겠다는 의견을 표명했던바, 일본의 이노우에 외무상은 이를 받아들이지 않았다.[97]

그 후 일본은 경부선의 조속한 시공을 위해 조건을 완화함과 동시에 담경요(譚賡堯, 탕겅야오), 원세개 등에게 협조를 종용하기도 했다.[98] 그러나 원세개는 중재를 맡으면서 일본이 단독으로 전선 가설을 떠맡을 것을 두려워해 민영익, 김윤식 등을 종용해 초안 제1조 가운데 "任朝鮮政府自行架設(조선 정부가 독자적으로 가설하도록 한다)"라는 구절을 덧붙여 앞으로 청이 개입할 수 있는 여지를 남겨두었다. 그리하여 외무독판 김윤식은 일본대리공사 다카히라와 1985년 11월 16일(양력 12월 21일) '조일해저전선조약 속약'을 체결했다.[99] 이 조약 체결 이후 한성과 부산 간 전선 가설이 착수되었다.[100]

한성-부산 전선은 서로전선에 대비해 남로전선이라 불렸다. 남로전선은 처음에는 1886년 5월에 착공해 같은 해 11월 중에 완공하기로 계획되었으나, 착공 준비에서부터 많은 우여곡절을 겪어 2년 이상이 지난 1888년 5월 말에 이르러서야 준공되었다.

당시 조선 정부는 한성과 부산 간의 전선을 화전국에 가설시키려는 계획을 세우고, 1886년 1월 16일 북양대신 이홍장에게 청탁해 허락을 받았다. 1월 19일 외무독판 김윤식과 원세개 사이에 이른바 '중국대판조선육로전선속관합동(中國代辦朝鮮陸路電線續款合同)'(전문 6조)을 체결했다.[101] 제1조를 보면 조선 정부는 한성-부산 전선을 가설하려 하나 숙련된 기술자가 없으므로 '의주전선조약'

제3조에 비추어, 북양대신에게 청해 화전국이 대신 가설하게 한다는 내용이었다.[102] 즉 원세개는 일본과 미국 측의 반대를 무릅쓰고 외아문에 압력을 가해 중국이 대신하도록 청구하는 문서를 구비케 했던 것이다.[103] 이리하여 의주선에 이어 경부선 가설권도 중국이 장악했다.

조선 조정은 비록 중국이 대신해 가설할 것을 요청했지만, 완공 후에는 오히려 조선 정부가 전신국의 권한을 차지하고자 했다. 이에 원세개는 가설권과 관리권의 분리로 말미암아 여러 가지 문제가 생길 것을 두려워해 제4조, 제5조를 조선에 양보함으로써 일 처리에 융통성을 보였다. 제4조의 내용은 다음과 같다.

> 한성과 부산 간에 3분국을 설치하고 그 국원(局員)·사사(司事)·학생(學生)은 모두 화전국에서 파견하나 조선 정부도 각국에 관원 1명을 보내어 조선 학생과 장교(巡弁)·병졸(巡兵)을 관장한다. 학생 2명을 두어 전기 기술을 학습하게 한 후 화전국의 시험을 거쳐 조선전무사(朝鮮電務司)에서 적당하게 임용하도록 한다. 그리고 가설 차관을 완전히 상환하기 전에는 일체의 사무를 화전국원이 주관하고 모든 권한은 한성 전보총국 총판이 맡는다.

또한 제5조의 내용은 다음과 같다.

> 매년 각국 경비 및 순선(巡線) 비용 중 상보(商報: 상인의 개인 전보) 수입으로 충당하고 남은 부족액은 반드시 조선 정부에서 부담하기로

한다. 조선 정부는 한성에 따로 전무사(電務司)를 설치하고 각국에서 파견된 관원과 학생 및 장교 등을 독려·통솔함과 아울러 각국의 경비를 매월 화전국에 보내 화전국 총판에 의해 발급되게 한다. 또 각국의 전보비 수입은 화전국 관원이 기록·정리해 화전국으로 보내어 보존하는 한편, 조선 관원도 전무사로 보내어 보존하도록 한다.

이 조약의 내용 가운데 무엇보다도 주목되는 것은 전선 가설과 준공 후 운영에서 그 주도권은 화전국이 가지나, 조선 조정도 한성에 따로 전무사를 설치해 그 관할에 간여할 뿐 아니라 각 분국에도 우리 관헌을 파견해 관리와 운영에 참여하게 하고 학생을 둠으로써 기술자 양성을 도모했다는 점이다. 다시 말하면 화전국이 전담하는 서로전선의 경우와는 달리 화전국의 관할을 받으면서도 조선 독자의 전신기관인 전무사(電務司)를 두기로 했다는 것이다. 표면상 원세개는 조선 측의 요구를 부분적으로 받아들인 듯하지만, 실제로 주요 권한은 여전히 청의 손아귀에 있었으며 이 때문에 조선 조정은 심한 불만을 표시해 서로 협의하기 어려웠다.[104]

이러한 가운데 조선 조정은 화전국이 대신 가설해 줄 것을 요청하고 일을 서둘렀지만 예정일인 1886년 5월에 착공하지 못하자 일본의 독촉이 심했다.[105] 이에 일본 공사관에 청해 착공을 4개월 연기하기로 양해받았으나, 그 뒤 다시 더 연장된다고 통고했다.[106] 한성-부산 전선 공사는 조약을 체결한 후 1년이 지나도록 지지부진한 답보 상태에 있었다.[107] 그러자 조선 조정은 자주적인 전선 가설을 계획해, 1887년 새해에 접어들면서 전선 기기와 물건의 구입 및 기술자 확보 등을 자체적으로 해결하고자 했다. 1월 25일부터 독일 상사인 세창양행과 교섭해 2월 26일에 3만 4150원을 빌리려 했다. 이는 현금이 아닌 각종 전선 기구와 기계 등을 현물로 받아들이기로 한 것이다. 또한 조정의 영어교사였던 영국인 기사 T. E. 핼리팩스(T. E. Hallifax, 奚來百士)를 새로이 전신선로 측량위원(勘路委員)으로 임명해 전첨사(前僉使) 현승운(玄昇運) 등과 함께 전신선로를 재측량하도록 했다. 그해 3월 전선을 가설하면서 이를 전담할 관서 창설에 대해 고종의 윤허를 얻어[108] 3월 13일에 조선전보총국을 창설하고,[109] 같은 날로 초대 총판에 홍철주(洪澈周)를 임명했다.[110] 이어 3월 21일에는 총국과 각 분국의 직인을 주조해 배포하고 다음 날에는 전보총국에서 봉판(幇辦)과 주사·위원의 임명을 상주해 윤허를 얻었다. 나아가 1887년 3월 25일에는 청국과 '중국윤양조선자설부산지한성육로전선의정합동(中國允讓朝鮮自設釜山至漢城陸路電線議定合同)'(전문 7조)을 체결함으로써 남로전선을 조선 정부가 전담해 가설했다.[111] 1888년 초에 착공해 우여곡절[112] 끝에 남로전선이 완공된 것은 그해 5월 27일이었고, 6월 1일부터 전신 사무가 개시되었다.[113]

완공된 지 얼마 지나지 않아 전보비와 관리 등의 문제가 발생했는데, 일본 정부는 다음과 같은 요구 조항을 제출했다.

① 경부선과 경인선 접통(接通)

② 의주선과 비교해 인부선(仁釜線) 전보비 인하

③ 경인선 전보비는 조선과 일본 관원에게는 반가(半價)로 우대해 줄 것

이에 대한 조선 측 방안을 보면, 일본의 제1 요구인 '경부선과 인의선의 연결 건'은 조선 외서가 기한을 정해 조사·처리한다고 윤허했으며, 인천과 부산 간 관보(官報) 50% 가격 인하 문제에 대해서는 "한성에서 부산까지는 조선 전선이고, 인천에서 의주까지는 중국 전선"이라는 점을 강조함으로써 일본의 요구를 묵살했다.[114] 일본은 처음 인부선 전보비 인하를 제의했으나 이루지 못했고, 다시 인의선(仁義線) 전보비를 인상해 양 선 전보비를 동일하게 할 것을 제의했으나 원세개와 진동서(陳同書, 전퉁수), 성선회는 모두 일본의 개입에 불만을 나타냈다. 그 뒤 성선회가 제의한 방법을 조선 정부가 받아들여 전보비 다툼은 종식되었다. 즉 원세개는, 연한 내 매년 조선 정부가 화전국에 5000냥을 보조하면 인의선은 자연히 가격이 인상되고 관보 반가의 차액 역시 5000냥 보조금 속에서 지불할 수 있다고 주장했던 것이다.[115]

전선 경쟁은 청·일 양국의 대조선 정책 과제 중 하나였으며, 일본 정부는 부장선(釜長線)을 전력 지원해 경부선을 장악, 의주선에 타격을 주었다. 1886년부터 1888년까지 의주선 경비 수지는 평형을 이루지 못해 손해는 날이 갈수록 심해졌다. 그 이유는, 조선 상무가 크게 융성하지 못한 데다 각 분국의 지출이 너무 많았으며, 또한 중국 관보는 면비(免費)였고, 더욱이 일본은 한성에 하나의 육선 분국을 창설해 부장선과 연결시킴으로써 의주선 수입에 큰 영향을 미쳤기 때문이다.[116] 조선 정부의 보조금으로 처음에는 의주선을 억지로 유지했으나, 1888년에 조선 정부가 재정 곤란을 이유로 보조금 지불을 거절했으므로 이홍장은 부득이 다른 방도

를 강구하지 않을 수 없었다.[117]

조선 조정이 보조금 지불을 거절한 것은 조선이 전선을 회수해 스스로 운영하려는 의도가 있었다. 1888년 겨울, 조선 조정은 원세개에게 의주선 회수를 요구했다. 그러나 원세개는 조약 위반이라고 반박하며 배척했고, 이홍장도 이 선은 군사기밀상 견지해야 한다고 고집했다.[118] 1889년 5월 조선 조정은 프랑스에 200만 냥을 차관해 화전국의 채무를 상환하고 전선권을 회수하고자 했는데 이 계획도 또한 원세개와 이홍장의 반대에 부딪혀 실패하고 말았다.[119]

의주선과 경부선 외에 '원산선(元山線)'(北路電線: 서울-원산)은 조선이 비교적 늦게 가설한 것이었다. 조선은 원세개의 간섭을 못마땅하게 여겨 중국에 대항하기 위해 독자적으로 원산선을 가설함으로써 자주권을 발휘하고자 했다. 이 계획은 남로전선이 가설되고 있을 무렵인 1888년 2월, 당시 외교 고문으로 있던 미국인 데니가 발안한 것이다.

> 북로전선이 가설되면 일본 및 상해 등지에서 구미 방면으로 발송되는 전신은 인도 방면을 우회하지 않고 이 선로를 이용하게 될 것이며, 또 일본 및 상해와 해삼위(海蔘威, 블라디보스토크) 간에도 해저전선이 있으나 해저선은 육선보다 요금이 비싸므로 역시 북로전선을 이용하게 될 것이다. 따라서 북로가 완성되는 날이면 조선의 전신망은 동양에서 가장 긴요한 위치를 차지하고 그 이익도 막대할 것이다. 더욱이 북로전선이 개설되면 조선의 독립을 해하는 혐의가 있는 화전국 관할 하의 서로전신은 자연히 소멸될 것이다.[120]

데니는 일본 대리공사 곤도 마스키(近藤眞鋤)에게 그 계획을 알리고 자금을 대여해 줄 것을 요청했다. 일본 대리공사는 그 전선이 러시아인에게 조종될 것을 두려워하면서 본국 정부에 자금 대여를 요청했으나, 일본 정부는 오히려 조선의 북로전선 가설은 '부산구설해저전선조관(釜山口設海底電線條款)' 3조에 위배된다고 항의하라는 훈령을 시달했다.[121]

그러나 조선 조정은 해빙을 기다려 원산까지 가설 작업을 착공하기로 하고 빠른 시일 내에 노선 측량을 위해 핼리팩스를 출발시킬 예정이었다. 원세개는 이 일을 중요하게 여기지 않았으나 중국전선국의 성선회는 원산선이 러시아선과 연결될 것을 두려워해 원세개의 견해를 옳지 않게 여겼다. 이홍장 역시 성선회와 의견이 같았으므로 원세개에게 전령해 조선 조정을 각성시켜 '의주전선조약' 규정을 따르도록 했다.[122]

데니의 북로전선 가설 계획은 당시로서는 긴요하고 또 유리한 것이 분명했으나 그 계획이 쉽게 실현되지 못한 것은 당시 조선 조정에 자금이 부족해 이를 감당할 만한 능력이 없었고, 일본이 '부산구설해저전선조관'을 구실로 반대한 탓도 있었지만, 무엇보다 청국의 압력 때문이었다. 북로전선 가설 계획의 중요 목적 중 하나가 조선에서 화전국의 존재를 소멸하는 데 있었기 때문에 청국이 이를 방해한 것은 당연했다.[123]

비록 데니의 계획은 무산되었으나 조선 정부의 이에 대한 의욕은 그대로 살아 있었으며 준비도 되어 있었다. 조선 정부는 단번에 두만강변까지 진출해 러시아 전선과 연결하기 어려우므로 우선 함흥까지의 개설을 시도했다. 1890년 3월 20일 조선 정부는 화전국에 대해 다음과 같이 밝혔다.

> 원산 지방은 개항한 지 이미 10년을 지나 각국의 상선과 내외의 상인이 많이 모여드는데, 그들이 신속한 통신시설을 바라마지 않는다. 이에 비추어 우리는 한성으로부터 춘천을 경유해 원산에 이르는 1000여 리의 전선을 급히 착공·가설하고자 한다. 그리고 기술과 자금을 모두 우리의 부담으로 가설할 수 있다. 그러나 청국과 맺은 '의주전선합동(義州電線合同)'과 '윤양육선의정(允讓陸線議定)'에 의하여 25년간은 조선 내의 모든 전신 확충을 원칙적으로 화전국에서 승판(承辦)하게 되어 있고 우리 정부가 자설할 경우에도 화전국과 상의해 승인받게 되어 있으므로 이에 한성과 함흥 간의 전선 가설을 통고하니 양해하기 바란다.124)

이에 대해 1890년 4월 화전국은 여러 이유를 들어 완강히 반대했다.125)

청국 측의 반대에도 불구하고 조선 조정은 계속 전선 가설을 강력히 추진했다. 그러나 결국 청국 측의 반대를 고려하지 않을 수 없었다. 공사가 지연되다가 1891년 2월 15일에 이르러 이른바 '원선합동(元線合同)'(원산전선조약)이 조인됨으로써 북로전선 가설은 처음 발안한 지 3년 만에 비로소 실현될 수 있었다. 그 내용은 곧 조선 정부가 '의주전선조약'의 규정과 화전국이 누리는 권리 일체를 지켜주고 존중해 주는 동시에 서울·인천·평양·의주 4분국에

대해 조선정부가 그 비용을 매년 5000냥씩 줄 것을 보증한다는 것이다.[126]

북로전선 가설은 서로·남로 전선의 경우와 달리 전선 가설을 위한 조약 체결 이전에 이미 준비 작업이 상당히 이루어져 있었기 때문에, 조약 체결 7일 후에 총서독판(總署督辦)은 공사 착공과 추진을 조선전보총국에 시달했다. 3월 하순경부터 전보국 주사 조한근(趙漢根)의 주관으로 가설되기 시작해 6월 20일에 원산까지의 전선 부설 공사가 완료되었으며, 25일부터 전신 업무가 개시되었다.[127]

이때에 이르러 조선의 전선은 '한성·부산 간(남로전선)', '한성·의주 간(서로전선)', '한성·인천 간(서로전선)', '한성·원산 간(북로전선)' 등 모두 4선이 되었다. 명의상 조선에 속했으나, 실상은 청 정부에 의해 조종·관리되었으며 또 감시를 받았다. 청의 진윤이·진동서 등은 이 시기를 전후하여 조선 전국(電局)을 총람했으며 동시에 원세개의 통제를 받았으니, 조선의 전정(電政)은 대부분이 원세개의 조종하에 있었음을 알 수 있다.

4. 윤선 운항에 대한 간섭

임오군란 이후 청국 상인의 조선 진출이 두드러져 해마다 그 수가 늘어나자 청국은 해운업에도 손을 뻗쳤다. 1882년에 체결한 '조청상민수륙무역장정' 제7조에는 다음과 같은 규정이 있다.

…… 조선에는 현재 병선·윤선 같은 것이 없으니 조선 국왕으로부터 북양대신에게 청해 잠시 동안이라도 초상국(招商局)의 윤선을 파견해 매월 정기적으로 왕래케 하는 것이 가하다. ……

이 규정에 따라 조선 정부는 묄렌도르프에게 명해 청국총판상무위원 진수당과 '윤선왕래상해조선공도합약장정(輪船往來上海朝鮮公道合約章程)'을 의정하게 했다. 그리하여 청국 최대의 기선회사인 초상국 소속의 부유호(富有號)가 처음으로 매월 1회씩 상해-인천 간을 정기적으로 항행했다.[128] 그 후 고종 20년 12월(1884년 1월) 다시 묄렌도르프와 진수당 사이에 '초상국윤선왕래합약속약(招上局輪船往來合約續約)'이 체결되어, 상해뿐만 아니라 연대(煙臺)·나가사키와도 왕래하도록 했다.[129] 그러나 조·청 간의 무역이 초보적 단계여서 이 항로는 성과가 좋지 못해 수개월 후인 1884년 7월에 폐지되고 말았다.

1883년에 영국계 상사 이화양행과 조선 측 묄렌도르프는 기선운항에 관한 계약을 체결해 그해 11월부터 1년간 남승호(南陞號, s/s namzing)를 운항시켰다. 이화양행은 상해·나가사키에서 조선으로 중계 수출되는 면포류·석유 등의 서양 상품과 조선에서 수출되는 토화(土貨)와 조선 국내의 조미(漕米)를 감안해 쌍륜기선(雙輪汽船, paddle steamer) 남승호를 정기적으로 나가사키에서 부산을 경유해 인천-상해 간 노선을 취항케 한 것이다.[130] 그러나 이 또한 예상과는 달리 수송량이 많지 않아 결손을 보자, 조선 측의 계약 연장 요구에도 불구하고 1884년 11월에 중지되고 말았다.[131]

이러한 가운데 일본은 지리상의 이점으로 일찍부터 조일 간 항로를 열고 1882년 이래 일본우선주식회사(日本郵船株式會社)가 부산·인천·원산 3개항에 각각 지사를 두고 항운 사업을 시작했다. 일본은 상무의 진흥과 더불어 발전을 거듭해 항운 사업은 일본 윤선이 독점하는 형세였다. 그 뒤 조선 연해와 연강의 조운은 1885년 묄렌도르프의 주선으로 독일 상사인 세창양행에 의뢰해 기선·용선(傭船)에 수탁·운항하게 했다.[132] 이리하여 세창양행의 희화선(希化船)이 남부 각 도의 곡물 운송을 위해 부산·인천 및 전라도 일대를 항행하고, 나아가 상해까지 내왕했는데 운임은 재화 가격(載貨價格)의 12~15%로 상당히 고가였고, 게다가 연 3만 석 내지 5만 석의 조미 운송의 권리도 취득하고 있었다.[133]

이에 원세개는 부임 이후 일본 상인 및 독일 상인 등 외국 상인의 활동을 억제하고 청국 상인을 보호함과 아울러, 통상·교역을 진흥하기 위한 수단으로 청의 초상국 윤선을 조선의 연해와 연강에 운항시킬 기회를 쟁취하여 종주국의 체면을 유지해야 한다는 생각에 동분서주했다.

먼저 원세개는 메릴에게 앞서 언급한 것과 같은 상황에 대해 불만을 표시했다.[134] 그리고 계약 조건이 조선에 불리하다는 것을 들어 세창양행의 조선 측과의 재계약 체결을 저지하고 독일 상사를 억제했으며, 초상국 윤선이 운송을 대신할 기회를 얻게 하고자 노력했으나 초상국 측의 태도가 소극적이어서 성공하지 못했다.[135] 일본의 윤선은 이미 단독으로 조선 항로를 차지하고 있어 청국 상인은 일본 선박을 이용하지 않을 수 없었다. 그런데 인천·서울의 청국 상인 수가 급증하고 화물 또한 폭주했음에도,

일본 윤선은 서비스도 좋지 않으면서[136] 운임이 비쌌기 때문에 청상들은 본국의 윤선 운항을 재차 호소했다. 원세개는 북양대신 이홍장에게 건의했고 이홍장은 대책을 강구하기 위해 강해관도(江海關道) 공조(龔照, 궁자오)와 동해관도(東海關道) 성선회에 명해 공동 연구케 하고, 아울러 하트에게 협조를 청했다.[137] 그 결과 강해·동해 양 도는 매년 1만 2000냥(洋銀 1만 7000원)을 내고 인천의 화교가 운영하는 거대 상점 쌍성태(雙盛泰), 유증상(裕增祥), 동순태 등이 역시 같은 액수의 돈을 스스로 준비하고 여기에 초상국이 보조해 광제륜(廣濟輪)을 운항케 했다. 매 20일 내외에 상해-인천을 1회 내왕하게 함으로써 청상들의 운수 업무에 편의를 도모했다.[138] 인천-상해 항로의 개통은 일본의 비상한 관심을 불러일으켜 인천 주재 영사 스즈키 주지쓰(鈴木充實), 상해 주재 영사 다카히라 고고로(高平小五郎)에게 각기 인천-상해 두 곳의 청국 윤선 동향을 감시케 했다.[139]

그 후 청국 상인과 원세개가 '서약(誓約)'을 맺어 청상이 몰래 일본의 윤선을 타지 않겠다는 서약을 하도록 청국 관리에게 강한 압력을 가했다. 인천 주재 하야시 곤스케(林權助) 부영사는 이 같은 강압적인 '서약' 내용이 '국제항해권(International-Seeschiffahrtsrecht)'에 위반된다는 이유로 해제할 것을 요구했다.[140] 그러나 시오다 사부로(塩田三郎) 공사는 '서약서'의 출처가 불분명하고 내용도 모호하므로 작은 일을 키워 외교 문제로 비화할 필요가 없다고 보고, 인천 주재 영사를 시켜 인천 주재 청국 위원 및 원세개와 담판하도록 하여 이 일은 수습되었다.[141]

광제륜의 운항이 비록 청상들에게 아주 편리했으나 초상국이 정상적으로 경영되지 않았기 때문에 결항이 잦았다. 따라서 청상의 불평이 심했고, 또 몰래 일본 윤선을 이용하는 자도 있었다. 원세개는 항로가 중도에서 단절될 것을 두려워하여 북양대신에게 항로를 유지하게 해달라고 요청함과 동시에 재차 '서약'을 엄수하게 함으로써 열세를 만회하고자 했다.[142] 이와 같이 원세개가 일련의 보구(補救) 조치를 취한 뒤, 초상국은 인천-상해 항로를 가까스로 유지할 수 있었다. 일본 윤선 회사는 초상국의 항로 개설과 일본 정부의 질책을 받고 적극적으로 재정비에 나섰는데, 서비스를 개선하고 운임을 내림으로써 청 윤선에 타격을 주고자 한 것이다. 그러나 청상이 '서약'에 속박되어 일본 윤선을 자유로이 이용하지 못하자, 일본은 재차 '서약' 해제 운동을 일으켰다. 이 를 가장 적극적으로 주장한 인물이 인천 부영사 하야시였다. 외무대신 아오키 슈조(青木周藏)는 청국 주재 일본공사 오토리 게스케(大鳥圭介)에게 청 정부와 교섭하도록 훈령을 내렸으나 오토리 공사도 전임 공사 아오키와 마찬가지로 반대 의견을 제출했으므로 이 일은 잘 처리되지 못했다.[143]

청국은 여러 가지로 어려운 가운데 인천-상해 항로 유지에 노력했는데, 청상의 요구를 충족하고 일본 윤선의 농단을 저지할 뿐만 아니라 종주국의 체면을 유지하는 것이 그 주된 목적이었다. 원세개는 청국 윤선이 번속국의 해상에서 용기(龍旗)를 달고 운항하는 것을 큰 영광으로 생각했다. 따라서 인천-상해의 항로 유지는 사실상 정치적 의도가 강하게 작용한 것이고, 경제적 이익은 부차적인 목적이었다고 볼 수 있다.

한편, 조미 운송을 위한 조선의 내하(연해, 연강) 운항은 앞서 서술한 대로 세창양행이 담당해 막대한 이득을 취하고 있었다. 조선 조정은 이와 같이 부분적으로 외국 선박에 조미 운송을 맡김으로써 중간이윤을 빼앗겼을 뿐만 아니라 수요 증가에도 불구하고 조미 운송이 따르지 못했으므로[144] 스스로 윤선 구입을 계획해 자체적으로 수송 역량을 높이려고 했다. 그리하여 1886년과 1887년 사이에 윤선 세 척을 주문해[145] 조운을 맡게 했다. 그러나 조선 조정은 재정 곤란으로 막대한 윤선 가격을 차관으로 지불할 수밖에 없었다.[146] 윤선 세 척을 마련했음에도 조운을 담당할 선척이 여전히 부족해 높은 운임을 주고 일본이나 독일에서 배를 임대할 수밖에 없는 형편이었다.

일본은 조운의 운송 이익을 일부 차지하고 있었으나 인천-서울 간 경인수로의 운송권은 독점하지 못했다. 이런 가운데 일본은 1890년 조선 관리 박기종(朴琪琮)의 명의로 '조선윤선공사'를 창설하고 두 척의 소윤선을 구입해 낙동강 유역 등을 운행하게 함으로써 비로소 조선 내하 운항권을 확대할 수 있었다.[147] 그 뒤 '조일조(朝日組)'(오사카상선회사가 제공한 윤선)가 조선 측과 유리한 조건으로 계약을 체결해 15년간 경상도·전라도·경기도·충청도 등지의 항행권을 향유할 수 있었다.[148]

원세개는 이러한 일본인의 항행권 독점에 크게 불만을 품었다. 그는 인천-한성 운수를 청상이 독점하는 것이 통상·교역을 증진시킬 첩경이라 생각했다. 그리하여 그는 극력 청상을 종용해 자본을 모으고 소윤선을 사들여 일본과 경쟁하려 했다. 때마침 조선은 일본 제일은행과 미국 상사 타운센드양행으로부터 선박 구입비 양은(洋銀) 14만 냥의 상환 독촉에 직면했으나 국고가 고갈되어 상환이 여의치 않게 되었다. 부득이 1892년 10월경 독판교섭통상사무(督辦交涉通商事務) 조병직(趙秉稷)은 원세개에게 요청해 은 10만 냥을 차관해 그 빚을 상환하려 했다.[149]

이에 원세개는 이홍장에게 이 사실을 보고해 10만 냥의 차관을 허락하게 하는 반면, 기회만 엿보고 있던 윤선 운행 건을 실현하려 했다. 곧 화상(華商) 동순태 상사의 담이시에게 그의 상호 명의로 은 10만 냥을 빌려주게 했던바 이러한 기회를 이용해 50톤급의 소윤선 두 척을 건조해 경인 간에 왕래하게 함으로써 청상의 화물과 조선의 조미 운송의 편의를 도모케 했다.[150] 이어서 청상 동순태는 차관 조건을, 월리 6리, 100개월 기한으로 부산 해관에서 상환케 했음은 앞서 이미 서술했다. 아울러 별도로 '한화윤선공사(韓華輪船公司)'를 설립해 소윤선 두 척을 건조하되 이름만 조선접운국 소속으로 하고 실제로는 동순태가 그것을 관리하게 했다.[151] 이로써 채권자인 동순태가 청상을 위해 윤선 운항을 관리하게 된 것이다. 이는 원세개의 조정에 따른 것으로, 그의 놀라운 권모술수를 실감케 한다.

원세개는 잠상의 밀무역을 묵인하고 그들의 상품을 내륙으로 운반하게 하는 데도 조선 정부가 빚을 내어 구입한 기선을 제공하도록 꾸몄던 만큼 그의 행동거지는 실로 데니가 매도한 대로 그 자신이 잠상인(smuggler)이며, 외교의 위법자(diplomatic outlaw)였던 것이다.[152] 이상과 같이 원세개의 계획과 실천의 의도는 반드시 일본인의 이익을 빼앗고 또 청의 권리를 증대한다는 것이었지만, 실제로는 그러한 것만은 아니었다. 곧 두 척의 배는 너무 커서 매월 복잡한 일만 많고 운임은 적어서 수입이 지출에 미치지 못했다. 또한 조미 운송은 결코 이익을 얻는 것이 아니고 손해를 보는 형편이었던 것이다. 또다시 북양대신 이홍장이 나서서 청 정부에 보조를 청해 비로소 간신히 운영난을 면할 수 있었다.[153] 그러므로 원세개의 의도는 일본과의 경쟁뿐만 아니라, 형식상의 종번의례(宗藩儀禮)를 실질적으로 지배·통치 체제로 전환하기 위한 강압적인 수단을 내포하고 있었던 것이다.

주

1) 처음 각 해관에 배치된 사람은 대략 다음과 같다. 이광린, 『한국사강좌』(근대편), 227~278쪽 재인용.
서울세무사: 오스트리아인 하스(Haas), 영국인 핼리팩스 마크벳(T. E. Hallifax Mackbet), 독일인 아르노우스(Arnous), 청국인 오중현(吳仲賢, 우중셴).
인천세무사: 영국인 A. B. 스트립플링(A. B. Stripling), 독일인 슐츠(Schultz), 러시아인 베코웁스키(Beckouvsky), 프랑스인 W. N. 로바트(W. N. Lovatt), 미국인 크렙스(Krebbs), 독일인 F. H. 라다게 모르셀(F. H. Ladage Morsell), 이탈리아인 바리오니(Barioni), 청인 오예당(吳禮堂, 우리탕).
부산세무사: 영국인 E. 라포트(E. Laport), 덩컨 허치슨(Duncan Hutchison), 네덜란드인 O. P. 포스트뮈스(O. P. Posthumus, 蒲是摩時), 이탈리아인 J. P. 시빌리니(J. P. Civilini, 史播利來), 청국인 당소위(唐紹威, 탕샤오웨이) 등.
원산세무사: 영국인 T. W. 라이트(T. W. Wright), 미국인 S. 로젠바움(S. Rosenbaum), 덴마크인 N. C. 코포에드(N. C. Kofoed), 독일인 W. H. 라우트(W. H. Laucht) 등.

2) 역대 총세무사는 다음과 같다.
1대: 독일인 P. G. 폰 묄렌도르프(P. G. von Mollendorff, 穆麟德, 1883년 5월 부임).
2대: 영국인 A. B. 스트리플링(A. B. Stripling, 薛必林, 서리, 1885년 9월 부임).
3대: 미국인 H. F. 메릴(H. F. Merill, 黑賢理, 1885년 10월 부임).
4대: 독일인 J. F. 쇠니케(J. F. Schoenicke, 史納機, 서리, 1889년 11월 부임).

5대: 영국인 F. A. 모건(F. A. Morgan, 馬根, 署理, 1892년 11월 부임).
6대 영국인 J. 매클리비 브라운(J. Macleavy Brown, 柏卓安, 1893년 10월 부임).
7대: 일본인 메가타 다네타로(目賀田種太郎, 1905년 11월 부임).

3) 고병익, 「조선해관과 청국해관과의 관계의 변동」, 『동아교섭사의 연구』(서울대학교 출판부, 1970), 464~492쪽.

4) 하트는 영국인으로서 1863년 이래 47년간이나 청국 해관을 독점적으로 운영했다.

5) 메릴은 북경 본서(本署)의 서리한문문안부세무사(署理漢文文案副稅務司, Acting Assistant Chinese Secretary)였으며 해관 경력도 길고 하트의 신임이 극히 두터워, 그의 신복이라 할 수 있는 인물로 명민한 사람이었다. 고병익, 「조선해관과 청국해관과의 관계의 변동」.

6) 이홍장이 메릴에게 내린 훈령은 5개조로 되어 있는데 그 주요 내용은, 조선 해관은 중국 해관의 방식에 따르고, 메릴은 분외지사(分外之事)를 천관(擅管)하지 못하고, 중국이 조선 속번을 보호하는 뜻을 위배해서는 안 되며, 메릴은 중국 해관원이니 그 봉급 등은 북양대신이 조선 국왕에게 자청해 우대해 주도록 하며, 중국 해관으로 복귀하고자 할 때는 북양대신에게 요청해 언제든지 할 수 있다는 것 등으로 3년 전 묄렌도르프가 조선에 올 때 조인한 계약의 내용과는 상당히 달랐다. 고병익, 「조선해관과 청국해관과의 관계의 변동」.

7) 하트가 조선 해관의 지배를 갈망했던 것은 그것이 곧 직접적으로는 청의 이익과 관계가 있을 뿐만 아니라, 간접적으로는 그의 모국인 영국의 면제품을 청이 중개무역 하는 실정이었으므로 영국의 실리와도 관련되었기 때문이다. 고병익, 「조선해관과 청국해관과의 관계의 변동」, 472쪽.

8) 林明德, 『袁世凱與朝鮮』(台北: 中央研究院 近世史研究所, 1971), p.175, 176.

9) 고병익, 「조선해관과 청국해관과의 관계의 변동」, 479쪽.

10) 林明德, 『袁世凱與朝鮮』, p.176.

11) 고병익, 「조선해관과 청국해관과의 관계의 변동」, 482쪽.

12) 사건 발생 당시 인천 주재 청국 영사관을 거점으로 하여 청의 오리(汚吏)들과 군인 및 상인 등이 원세개의 힘을 믿고 군함을 이용해 인삼 밀수를 대대적으로 자행하고 있었다. 이 사실을 알게 된 인천 해관은 밀수를 직접 담당하고 있던 군함 진서호(鎭西號)에 대한 수사요구서를 청국 영사관에 제출했으나 이를 거절하고 급기야는 인천에 체류하는 중국 상인 등이 인천 해관을 대거 습격했던 사건이다. 仁川府 編, 『仁川府史』, pp.363~365.

13) 인천 해관은 이 사건의 주모자가 인천의 청국 상업회의소 회두(會頭)이며 신태행(新泰行)을 경영하고 있는 유송남(劉松南, 뤼쑹난)인 것을 알고 조선으로부터 그를 추방할 것을 원세개에게 요구했으나 원세개는 유송남이 현직 관리이므로 처벌할 수 없다고 거절했다. 그 후 메릴의 보고에 의해 이 사실을 알게 된 하트가 이홍장에게 알리자 이홍장이 원세개에게 타전해 이 사건 처리를 재촉하니 원세개는 부득이하게 유송남을 조선에서 추방하고 80달러를 인천 해관에 배상금으로 지불했다. 이양자, 「청의 조선경제정책과 원세개」, ≪부산사학≫, 8집(1984), 214쪽; 『淸光緖朝中日交涉史料』 9卷, p.26(第450件); *Merill Letter Books*, Merill to Hart. Feb. 4. 1886 (No.4).

14) *Merill Letter Books*, Merill to Hart, Jan. 25, 1886(No.3).

15) *Merill Letter Books*, Merill to Hart, Jan. 25, 1886(No.3); 『朝鮮檔』(中央研究院 近代史硏究所 所藏 李鴻章致總署函 光緖 13年 8月 初2日).

16) 『朝鮮檔』, 李鴻章致總署, 光緖 14年 6月 初7日.

17) *Hart Letters*, Hart to Merill, Sep. 15, 1885, Nov. 30. 1885; *Merill Letter Books*, Merill to Hart Feb. 3, 1886(No.4).

18) 고병익, 「조선해관과 청국해관과의 관계의 변동」, 486쪽.

19) 후술하겠지만 차관 문제에서 원세개의 반대를 무릅쓰고 1889년 관세를 담보로 외국(프랑스 은행)과의 차관 기도를 했으나 실패했다.

20) 고병익, 「조선해관과 청국해관과의 관계의 변동」, 491쪽.

21) 『朝鮮檔』, 李鴻章致總署, 光緒 16年 6月 初5日; *Merill Letter Books*, Hart to Merill, May 29, 1888; *Merill Letter Books*, Merill to Hart, July, 3. 1888(No.48).

22) 林明德, 『袁世凱與朝鮮』, p.183.

23) 데니는 조선 정부에서 구미에 공사를 파견토록 국왕에게 건의했으며, 또 '조프수호통상조약' 체결에서도 중요한 역할을 했다. 그리고 원세개의 횡포를 규탄하는 한편 무도한 국왕 폐위 음모를 고발하기 위해 『청한론(淸韓論, China and Korea)』이라는 책을 저술했다. 이광린, 『한국사강좌』(근대편), 223쪽.

24) 르장드르는 일본에 200만 원을 차관하려 했으나 원세개의 방해로 실패했으며, 또한 르장드르가 조선총세무사직을 차지할까 봐 하트는 쇠니케에게 해관 업무의 엄중 단속을 훈령하여 원세개와 모든 일을 타협하고 지시를 받도록 했다. 『朝鮮檔』, 李鴻章致總署函, 光緒 16年 2月 22日; 『中日交涉史料』 卷11, pp.27~28(第693, 694 兩件).

25) 『日本外交文書』, 28: 1, No.342, pp.478~479.

26) 『朝鮮檔』, 李鴻章致總署函, 光緒 17年 7月 21日.

27) 『中日交涉史料』 卷12, p.11(第860, 861 兩件); 『朝鮮檔』, 李鴻章致總署函 光緒 18年 10月 初5日.

28) 『朝鮮檔』, 李鴻章致總署函, 光緒 19年 8月 初7日.

29) 갑신정변 이전까지 정부가 추진했던 개화정책은 다음과 같이 분류할 수 있겠다.

① 외국과의 외교 및 통상을 위한 정부 조직 개편으로 통리기무아문(1880)과 해관(1883)의 설치

② 개화사상을 보급키 위한 원산학교(1883) 창설과 ≪한성순보≫ 발행(1883)
③ 강병책으로, 군사 유학생의 성격을 띤 영선사 파견(1881)과 김옥균의 일본 도야마(戸山) 사관학교 유학생 파견(1883) 실현, 별기군 창설(1881), 병기를 제조하는 기기창 설치(1883)
④ 전환국(1883)과 우정국(1884)의 설치

30) 『淸季中日韓關係史料』 卷3, 光緖 10年 9月 8日(台北: 中央硏究院近代史硏究所, 1972), p.910.

31) 『高宗純宗實錄』, 高宗 23年 7月 29日; 김정기, 「조선정부의 일본차관도입」(한우근박사정년기염사학논총), 526쪽.

32) 일본 요코하마 정금은행(正金銀行)으로부터 김옥균, 박영효 등이 차관한 17만 원은 일본으로부터 받은 최초의 차관이었는데, 그 용도는 유학생 경비와 군란 시 인명 피해 보상비로 사용하려는 것이었다. 그런데 그 액수에 대해서는 김정기, 「조선정부의 일본차관도입」, 526쪽을 보면, 17만 원이 아니고 12만 500원이라고 『김옥균전집』에 근거해 정정·확인하고 있다. 그리고 1882년 11월, 체결 조건으로 함경도 단천광산과 해관을 함께 담보로 설정했다.

33) 『朝鮮檔』, 李鴻章致總署函, 光緖 8年 8月 25日; 김정기, 「조선정부의 청차관 도입」, ≪한국사론≫, 3집(1976), 433쪽. 청으로부터의 50만 냥 차관한 돈의 용도는 해관 창설과 부두 건설이었다.

34) 세창양행은 함부르크의 상인 마이어(Meyer)가 경영하던 것으로, 일찍부터 홍콩, 상해, 천진 등지에 기반을 갖추고 있었다. 1884년 인천 지점을 개설한바, 우리나라에 진출한 초기의 서양 상인으로 기선 등 중요 물자의 매입과 금전 차여(借與) 등을 우리 정부에 주선해 큰 영향을 미쳤다. 인천 지점의 대표는 카를 볼터(Carl Wolter, 華爾德)였고, 오랫동안 조선에서 활약했다. 『仁川府史』, 380쪽.

35) 『朝鮮檔』, 李鴻章致總署函, 光緖 11年 12月 26日; 『李文忠公全集電稿』 卷6, p.24, 李鴻章致袁世凱電(光緖 11年 11月 初8日); 林明德, 『袁世凱與朝鮮』, p.206.

36) 『高宗實錄』, 高宗 22年 6月 6日條; 『淸季外交史料』 卷59, pp.12~14; 김정기, 「조선정부의 청차관도입」, 449~452쪽. 청 측은 차관 조건이 호조건이라고 생색을 냈으나, 실은 조선 정부가 전선 유지 경상비로 매월 500냥씩 10회 보조하도록 했으므로 6리의 이자를 무는 셈이었다.

37) 『日本外交文書』 卷22, pp.39~440; *Merill Letter Books*, Merill to Hart, Mar. 20, 1888(No.41). 조선은 청 이외 일본, 독일 상점 세창양행, 영국 상점 이화양행 등에 주폐기(鑄幣機), 전선기재(電線器材), 병기·탄약가 등 자질구레한 차관·채무가 많았기 때문에 누적된 액수가 상당했다(독일 상인 30여만 냥, 일본 상인 10여만 냥, 미국 상인 10여만 냥, 영국 상인 2만 냥).

38) 『朝鮮檔』, 光緖 15年 6月 30日; 김정기, 「조선정부의 청차관도입」, 453쪽.

39) 그 당시 원세개는 고종의 폐위 음모, 서울의 외국 상인 축출 기도와 반청·미 국 외교관인 조지 C. 폴크(George C. Foulk)의 축출을 시도했다. 이광린, 『한국사강좌』(근대편), 222쪽.

40) 김정기, 「조선정부의 청차관도입」, 455쪽.

41) 『李文忠公全集電稿』 卷11, 「寄譯署」, 光緖 15年 5月 29日.

42) 『李文忠公全集電稿』 卷11, 「寄朝鮮袁道」, 光緖 15年 5月 29일; 『中日交涉史料』 卷11, p.12(641~642件); 『淸季外交史料』 卷81, pp.96~97.

43) 林明德, 『袁世凱與朝鮮』, p.208.

44) 『李文忠公全集 電稿』 卷11, 「寄朝鮮袁道」, 光緖 15年 5月 29日. 원세개는 조선 정부에 이른바 "차관지도사조(借款之道四條)"를 거론해 그 이폐(利弊)를 분석·설명했다.

45) 『李文忠公全集 電稿』 卷11, 「寄朝鮮袁道」, 光緖 15年 5月 29일; 『中日交涉史料』 卷11, p.12(641~642件); 『淸季外交史料』 卷81, pp.96~97.

46) 『朝鮮檔』, 光緖 15年 6月 30日.

47) 『李文忠公全集』, 「譯署函稿」, 卷19, pp.35~36; 「議朝鮮借款」, 光緖 15年

7月 22日.

48)『李文忠公全集』,「譯署函稿」, 卷19, pp.35~36;「議朝鮮借款」, 光緒 15年 7月 22日;『朝鮮檔』, 光緒 15年 7月 13日. 이 '면체절약(面遞節略)'은 1889년 4월 메릴이 하트에게 보낸 편지에서 "조선에서 청국 이외의 외세를 배제하고, 조선 해관을 완전히 장악하기 위해서는 해관 수입을 담보로 조선 정부의 전 외채를 인수해야 한다"라고 주장한 견해와 뜻을 같이한다.

49) 林明德,『袁世凱與朝鮮』, p.210; 김정기,「조선정부의 청차관도입」, p.449. 하트가 조선 해관을 자기 손아귀에 장악한 후 궁극적으로는 조선 재정의 노른자인 해관을 영국의 통제하에 넣으려는 의중을 파악해서인지, 이홍장은 관세 수입의 약소함을 들어 하트와 메릴의 건의를 거절했다.

50)『李文忠公全集 電稿』卷11, p.36,「李鴻章致袁世凱電」, 光緒 15年 7月 17日; 林明德,『袁世凱與朝鮮』, p.210.

51)『李文忠公全集 電稿』,「寄譯署」, 光緒 65年 7月 17日. 메릴의 차관 시도는 1889년 7월의 일로, 이는 하트가 이홍장의 조선 차관을 유도하기 위해 우회적으로 전개한 전략으로, 하트의 묵인하에 진행된 것 같다. 김정기,「조선정부의 청차관도입」, 462쪽.

52) 주 24), 25) 참조.『中日交涉史料』卷11, 第661, 685, 693, 695, 698 各件;『李文忠公全集 電稿』卷12,「寄譯署」, 光緒 16年 2月 22日.

53)『朝鮮檔』, 李鴻章致總署函, 光緒 16年 4月 14日.

54)『朝鮮檔』, 黎庶昌致總署兩件, 光緒 16年 6月 10日, 7月 13日.

55)『朝鮮檔』, 總署致出使大臣崔國因, 薛福成等函, 光緒 16年 5月 7日;『李文忠公全集 電稿』卷12,「寄駐俄英美日各使」, 光緒 16年 3月 15日.

56)『朝鮮檔』, 總署奏摺, 光緒 16年 8月 16日.

57)『朝鮮檔』, 總署奏摺, 光緒 16年 8月 16日;『中日交涉史料』卷11, p.30 (708件).

58)『朝鮮檔』, 總署奏摺, 光緒 16年 8月 16日.

59)『李文忠公全集 電稿』卷12, pp.18~19, 李鴻章致袁世凱電.

60) 김정기, 「조선정부의 청차관도입」, 467쪽.

61) 김정기, 「조선정부의 청차관도입」, 467쪽

62) 김정기, 「조선정부의 청차관도입」, 467쪽

63)『李文忠公全集 電稿』卷14, 「寄伯行」, 光緒 18年 1月 29日, 2月 3日. 이홍장은 주일 청사에게 일정부 차관인지, 상인 차관인지의 구별과 해관 담보 조건 유무를 파악토록 훈령하고, 조선의 해관 담보를 결단코 저지하라고 명령했다.

64)『李文忠公全集 電稿』卷14, 「寄譯書」, 光緒 17年 4月 26日.

65)『李文忠公全集 電稿』卷12, 「寄朝鮮袁道」, 光緒 16年 3月 15日; 김정기, 「조선정부의 청차관도입」, 469쪽.

66)『朝鮮檔』, 光緒 18年 9月 5日, p.3039;『舊韓國外交文書 德案 I』, pp.368~482, No.1001~1243.

67) 조선 전운아문(轉運衙門)은 정부의 특명을 받아 한성의 화상(華商)인 동순태 상사에서 고평정색보은(庫平定色寶銀) 10만 냥을 차관했는데 그 수령과 상환의 규정은 아래와 같다.

一. 10만 냥은 상해 동순태 상호(商號)가 상해회풍 은행에 교청(交請)하여 영양은시가(英洋銀市價)로 환산해 한성에서 교납(交納)케 한다. 이식(利息)은 상해 교은(交銀) 날부터 가산해 매월 6리(厘)로 한다.

二. 조선총서(朝鮮總署)는 반드시 조선 해관에 관하여 매월 총징수세액중교은일(總徵收稅額中交銀日)에 이 차관의 원리금을 제일 먼저 상환해야 한다.

三. 10만 냥은 80개월 내에 청상(清償)한다. 1기분은 그 달 말에 인천 해관에서 원금 1250냥, 이자 600냥을 상환하며 2기분부터 원금 그대로, 이자는 7냥 5전씩 체감해 계산한다.

四. 조선 해관에서 상환할 원리금은 고평정색보은(庫平定色寶銀)으로 교납(交納)한다. 이것이 없을 경우, 시가로 환산된 영양은(英洋銀)으로 교부할 수 있으며 영양은이 없을 경우, 일본은(日本銀)으로 절상(折償)해도 가(可)하다. 매 100원에 1원을 승색(升色)으로 가산하며 인천에서 상해까지의 운반비, 보험료 등은 조선 해관에서 지불한다.

五. 조선이 지불 기일 내에 원리금을 상환하지 못할 경우 매월 이식(利息)은 2배씩 가산된다. 화상(華商)이 납부해야 할 화물세 내에서 원리금이 구태(扣兌)될 수도 있다.

六. 차후 조선 해관은 징세 액내에서 타 항(他項)의 상관(償款)을 획저(劃抵)할 수 없다.

七. 이 합동(合同)은 조선총리아문과 중국총리공서(公署)가 감정한 후 각각 1부씩 갖는다.

당시 화폐가치는 다음과 같다.

- 고평은(庫平銀, Treasury Scale for silver), TIS 100 = Shanghai TIS 104 in Weight and TIS 109.6 in Value.
- 조평은(曹平銀, Standard Scale for silver), TIS 100 = Shanghai TIS 102.
- 규평은(曹平銀, Shanghai Scale for silver), TIS 100 = Treasury TIS 102.
- 관평은(關平銀, Customs Scale for silver), TIS 100 = Shanghai TIS 110.
- 화보은(化寶銀)은 관평은(關平銀) 100냥에 대해 105냥[청의 은냥(銀兩) 단위에 대해서는 廣畑茂, 『支那貨幣金融發達吏』, pp.90~162].

  원(元)과 원(圓)은 동가(同價)로 교환된다. 원(元)과 냥(兩)의 교환 비율은 원: 냥 = 1 : 0.7(1880~1894).

68) 林明德, 『袁世凱與朝鮮』, p.214.

69) 『朝鮮檔』, 光緒 18年 10月 22日, p.3073.

70)『統記』Ⅲ, pp.1, 5, 6(高宗 29年 10月 4, 17, 20日).

71) 김정기, 「조선정부의 청차관도입」, 477쪽.

72)『朝鮮檔』, 光緖 19年 3月 2日, p.3117.

73)『朝鮮檔』, 光緖 19年 3月 2日, p.3117.

74) 林明德, 『袁世凱與朝鮮』, p.219; 『朝鮮檔』, 光緖 19年 3月 2日條.
그 요지를 보면 ① 20만 냥의 대여로 조선의 자주지모(自主之謀)는 좌절되었다, ② 20만 냥의 화관(華款)으로 조선의 재정을 조촉(操促)하게 되었으며 일인·양인의 광산·철도·윤선 등 이권 탈취가 불가능하게 되었다, ③ 차관의 제공은 조선에서 사건이 발생할 때마다 중국의 간여를 불원(不願)하는 조선 정부를 통제해 청의 입장에서 순조로이 처리할 수 있다, ④ 거채(鉅債)의 제공은 각국의 예처럼 청·한의 종속관계 즉, 청의 조선보호권과 청의 세력이 강화·증대된다, ⑤ 차관 제공은 조선 정부의 타국 외채 도입을 막게 되어 상국(上國)과 속방(屬邦)의 체제를 명확히 인식시키는 결과를 가져온다, ⑥ 거관(鉅款) 제공은 조선 해관에 대한 제반 권리를 더욱 공고히 하게 된다.

75)『朝鮮檔』, 光緖 19年 3月 2日; 『李文忠公全集 電稿』 卷14, p.26, 光緖 19年 1月 8日, 「李致袁世凱電」 兩件.

76) 체신부, 『한국전기통신 100년사』(1985.9.28), 77쪽.

77) 갑신정변으로 계획이 중단되었다. 日本遞信省通信局, 『朝鮮電信誌』(1895.2) p.177.

78)『朝鮮檔』, 黎庶昌致總署函(光緖 9年 2月 15日), 總署與張樹聲往返電(光緖 9年 2月 1日, 5日).

79)『朝鮮檔』, 吳大澂奏摺(光緖 11年 正月 3日). 봉황성과 한성 간은 약 1000리로 이에 필요한 설치 비용은 조선 정부에서 부담할 전간(電桿, 전주) 준비비 등을 제외하면 5만 냥에 불과하며 조선에서도 이 계획에 기꺼이 찬동하고 있으나 재정 형편으로 시행하지 못하고 있으니, 자금 제공으로 전신

선을 가설함으로써 조선을 제어하고 완급(緩急)에 대비함이 상책이라고 지적하고 있다. 『中日交涉史料』 卷7(329, 330)(光緒 10年 12月 24日).

80) 『袁氏家書』 卷6, p.14.

81) 『李文忠公全集奏稿』 卷13, pp.50~53, 「議展朝鮮電線摺」; 『淸季外交史料』 卷58, pp.17~19.

82) 『李文忠公全集』, 譯署函稿, 卷17, pp.26~27, 「李鴻章致朝鮮國王函」.

83) 『淸季外交史料』 卷59, p.11; 『中日交涉史料』 卷8, p.31(第390, 附件3).

84) 『淸季外交史料』 卷59, pp.12~14; 『統記』 I, pp.229~231(高宗 22年 5月 27日, 29日, 6月 4日, 6日).

85) 『韓國電氣通信 100年史』, pp.78~79; 『中朝約章合編』(奎圖 15314); 『高宗實錄』 卷22, 乙酉 6月 6日條.

86) 화전국은 중국 전보국의 총칭이나, 대체로 우리나라에 설치된 한성전보총국과 그 분국을 가리킨다.

87) 이 육로 전선이 의주선(義州線)으로 서로전선(西路電線)이라 칭한다.

88) 『淸季外交史料』 卷59, pp.12~14. 林明德, 『袁世凱與朝鮮』, p.235; 『李文忠公全集奏稿』 卷53, 議展朝鮮電摺(光緒 11年 5月 10日); 『李文忠公全集奏稿』 卷54, 陳允頤總辦朝鮮片(光緒 11年 8月 15日).

89) 체신부, 『한국전기통신 100년사』, 81쪽. 당시 경인 간의 통로는 시흥을 거쳐 서강(西江)을 건너는 길과 부평, 양주를 거쳐 양화진을 건너는 양화진 코스의 두 길이 있었는데(두 개의 코스가 있었는데) 단거리인 양화진로를 택했다. 오늘날의 경인고속도로 코스와 거의 같다.

90) 체신부, 『한국전기통신 100년사』, 82~83쪽. 경의 간 통로는 인천에서 부평, 양주, 시흥, 한성, 양주(西江), 고양, 파주, 개성, 평산(平山), 봉산, 황주, 중화(中和), 평양, 순안(順安), 숙주(肅州), 박주(博州), 정주, 곽산(郭山), 철산, 용천(龍川), 의주에 이른다.

91) 서로전신선은 처음부터 청에서 발안해, 그들의 필요에 의하여 그들의 자금과 기술로 가설했으며 이의 관장기구로서 한성전보총국이 설립되었다. 그 업무에 있어서도 한문(漢文) 전보를 위주로 하고 한글 전보의 정식 전신부호는 제정이 되지 못했다. 화전국은 10년 후인 1894년 청일전쟁의 패배로 청의 세력이 물러갈 때까지 서로전선을 운영했다.

92) 「釜山口設海底電線條款」, 第2, 3條 내용, 즉 "앞으로 조선은 25년간 부산구설해저전선과 대항하여 이익을 다투는 성질의 전선을 가설하지 않으며 조선에서 관선(官線)을 가설할 경우 그것이 해외 전선이면 반드시 부산의 일본 전신국과 통련(通聯)해야 한다"는 사항에 위반된다고 했다.

93) 『日本外交文書』 第18卷, pp.143~147, 高平小五郞致井上外務卿函(明治 18年 7月 11日, 7月 21日); 『日本外交文書』 卷18, 事項 6. 「日鮮海底電線條約續約締結一件」, 문서번호 74~93(1885.1.19~12.29).

94) 체신부, 『한국전기통신 100년사』, 96쪽.

95) 『日本外交文書』 第18卷, pp.150~155(機密 第138號), 高平致井上函(明治 18年 9月 30日).

96) 『日本外交文書』 第18卷, 문서번호 82, 84, pp.155~156, pp.160~161, 井上與佐木往返函(明治 15年 10月 7日, 11月 2日).

97) 『日本外交文書』 第18卷, pp.156~160, pp.161~163(機密 第162號, 121號), 高平與井上往返函(明治 18年 10月 28日, 11月 11日).

98) 『日本外交文書』 第18卷, pp.163~168(機密 第165, 174, 130, 138號), 高平與井上往返函(明治 18年 11月 11日, 25日, 12月 1日, 16日).

99) 『日本外交文書』 第18卷, pp.168~173(機密 第177號, 184號), 高平致井上函(明治 18年 12月 22日, 29日). 「속약(續約)」 내용은 체신부, 『한국전기통신 100년사』, 97쪽.

100) 『統記』 I, pp.303~304, 高宗 22年 11月 14日, 15日, 16日條.

101) 체신부, 『한국전기통신 100년사』, 97, 98쪽 조약 내용.

102) 청 측은 남로전선 대설(代設)을 「의주합동(義州合同)」에 의해 당연한 권리로 인식하고 있다. 그것은 조약의 제목부터 「중국대판조선륙로전선속관합동(中國代辦朝鮮陸路電線續款合同)」이라 했고, 그 후 남로전선을 조선정부에 돌려줄 때도 "中國允讓朝鮮自設釜山至漢城陸路電線議定合同"이라 한 것을 보아 더욱 분명히 알 수 있다. 앞서 일본이 "釜山口設海底電線條款續約合同"이라 한 경우와 함께 특히 주목할 만하다. 체신부, 『한국전기통신 100년사』, 98쪽.

103) 袁世凱, 『養壽園電稿』, 「電稟稿」 袁世凱致李鴻章電(光緒 12年 正月 15日, 17日, 18日); 『清季外交史料』 卷63, p.12.

104) 林明德, 『袁世凱與朝鮮』, p.230.

105) 『日本外交文書』 第19卷, pp.339~340(機密 第136號), 杉村致井上函(明治 19年 10月 8日).

106) 체신부, 『한국전기통신 100년사』, 98쪽.

107) 덴마크 기사 뮐렌스테드(彌綸期)의 신병, 전신주 준비 부족, 전선 기기와 물료(物料)의 미도착, 겨울이 닥쳐 날씨가 추워진 것 등이 지연의 이유였다.

108) 『承政院日記』, 光緒 13年 3月 1日條; 체신부, 『한국전기통신 100년사』, 100쪽.

109) 『統記』 I, p.503, 高宗 24年 3月 25日.

110) 체신부, 『한국전기통신 100년사』, 100쪽.

111) 체신부, 『한국전기통신 100년사』, 101, 102쪽, 조약 全文 記載.

112) 세창양행으로부터 약정한 전신 재료 수입이 1887년 7월에 도착한다고 통지해 왔으나 운반선이 항해 도중 홍해에서 침몰해 더욱 연기되고, 겨울에 입하(入荷)되었으나 추워서 1888년 해동(解凍)과 함께 착공했다.

113) 『統記』 I, p.504, 高宗 25年 5月 27日.

114) 『日本外交文書』 第21卷, pp.201~216(第72, 75, 77, 79~83 各 件), 近藤致大隈函(明治 21年 6月 12日, 7月 2日, 12日, 16日, 20日, 8月 5日, 9月 25日,

10月 15日).

115)『李文忠公全集電稿』卷11, pp.14~15, 李鴻章致袁世凱 盛宣懷(光緖 15年 3月 24日, 25日),『日本外交文書』第21卷, pp.222~224(機密 第134號), 近藤致大限函(明治 21年 12月 17日).

116)『淸季外交史料』卷76, pp.4~6.

117)『淸季外交史料』卷76.

118)『李文忠公全集電稿』卷10, p.43, 袁道來電, 光緖 14年 12月 27日, 辰刻到;『李文忠公全集電稿』卷11, p.14, 寄朝鮮袁道, 光緖 15年 3月 24日 午刻.

119)『李文忠公全集電稿』卷11, p.23, 寄朝鮮袁道, 光緖 15年 5月 初10日 辰訓;『中日交涉史料』卷11, pp.12~13, 16(第643, 651, 661等 3件).

120) 체신부,『한국전기통신 100년사』, 105쪽;『日本外交文書』卷21, 事項 7, 문서번호 72(明治 21年 3月 18日),「朝鮮에서 北路電線을 架設하고 이를 露國電線에 接續시키려는 計劃에 관한 報告件」.

121) 체신부,『한국전기통신 100년사』, 106쪽.

122)『李文忠公全集電稿』卷11, pp.14~15, 李鴻章致袁世凱盛宣懷電(光諸 15年 3月 24日, 25日).

123) 체신부,『한국전기통신 100년사』, 106쪽.

124)『統記』卷23, 庚寅年 3月 20日條, 照會袁舘旣華電局; 체신부,『한국전기통신 100년사』, 107쪽.

125) 반대 이유 ① 조선 내 전선 가설은「의주전선합동(義州電線合同)」만을 적용하며 조선 내의 전선 가설권과 관할권은 전적으로 화전국에 있으며, ② 남로전선 개설 이후 서로전선 수입이 크게 줄어들어 타격을 받고 있는데 원산선을 가설하면 화전국의 이익이 더욱 침해되며, ③ 억지로 가설을 허락하더라도 한통의 통첩으로 되는 일이 아니므로 양국 간의 이익이 침해받지 않는

범위 내에서 신중한 조약을 맺어야 한다는 것이다. 체신부, 『한국전기통신 100년사』, 107쪽.

126) 체신부, 『한국전기통신 100년사』, 108쪽.

127) 체신부, 『한국전기통신 100년사』, 109쪽.

128) 조인된 날짜는 1883년 10월이며, 운항 개시일은 1883년 11월 초이다. 『統記』 I, pp.15~16(高宗 20年 10月 3日).

129) 이광린, 『한국사강좌』(근대편), 164쪽; 『清案』 I, pp.18~20.

130) 露國大藏省, 『韓國志』, p.175. 월 2회 정기 취항했다고 한다.

131) Horace N. Allen, *Korea Fact and Fancy* (Methodist Publishing House, 1904), p.164에 의하면 조선 정부의 협조가 부족한 탓으로 남승호의 조선 수역에의 배선(配船)은 중지되었다고 한다. 손태현, 「구한말의 관영기선해운에 관한 연구」, ≪동아논총≫, 7집(1971), 195쪽.

132) 1885년 2월부터 3개월 기간으로 운항케 했으나 이후 6개월로 연장해 8월까지로 했다.

133) 손태현, 「구한말의 관영기선해운에 관한 연구」, 209~216쪽.

134) *Merill Letter Books*, Merill to Hart, Jan. 25, 1886(No.3); *Merill Letter Books*, Merill to Hart, Aug. 2, 1887; 林明德, 『袁世凱與朝鮮』, p.244.

135) 『朝鮮檔』, 李鴻章致總署函, 光緒 11年 12月 26日; 『李文忠公全集電稿』 卷6, p.24, 李鴻章致袁世凱電(光緒 11年 11月 初8日); 林明德, 『袁世凱與朝鮮』, p.206. 원세개는 세창상사와 조선의 재계약 체결을 저지하지는 못했으나, 이율은 낮추었다.

136) 이선근, 『한국사』(최근세편)(을유문화사, 1961), 877쪽. 일본 선박이 만선이라는 이유로 청국 화물의 수송을 거절하면, 청국 상인은 자국 기선 항로를 개설할 것이니 두고 보라며 이의를 제기했다.

137) 『朝鮮檔』, 戶部致總署函(光緒 15年 5月 23日); 『李文忠公全集電稿』 卷9,

pp.30~32, 李鴻章與江海關道, 東海關道往返電(光緖 14年 2月 初4日, 5日, 8日); *Merill Letter Books*, Merill to Hart, Mar. 30, 1888(No.41).

138) 1855년 2월 중순에 시항(試航)하고 3월 초7일에 정식 개항하여 인천-상해 간 정기 항선(航線)이 되었다. 『李文忠公全集電稿』 卷9, p.33, 李鴻章致總署函(光緖 14年 2月 11日); 『日本外交文書』 卷21, pp.314~315, 袁世凱上李鴻章書; 王信忠, 『中日甲午戰爭之外交背景』, pp.116~117.

139) 『日本外交文書』 第21卷, pp.217~222(送第733, 第808號 兩件).

140) 林明德, 『袁世凱與朝鮮』, p.239.

141) 『日本外交文書』 第21卷, p.324, 326(機密送 第475號 第16號), 大隈外務大臣與鹽田三郎往返函(明治 21年 7月 5日, 8月 3日).

142) 『日本外交文書』 第22卷, p.467(機密 第17號, 20號), 芝罘領事能勢致外次青木函(明治 22年 2月 22日, 3月 25日); 『日本外交文書』 第22卷, pp.471~473(公信第44號, 機密第8號), 仁川副領事林致外次青木函(同年 3月 30日, 4月 3日).

143) 『日本外交文書』 第22卷, pp.471~485(206~214 各 件); 『日本外交文書』 第23卷 pp.190~192(送第41號, 機密第4號信), 青木外務大臣與大鳥圭介公使往返函(明治 23年 1月 16日, 2月 27日).

144) 1884년에 수송량은 40만 석에 달했다.

145) 1886년 해룡호(海龍號)를 미국 상사 타운센드양행에 주문했고, 1887년 조양호(朝陽號), 창룡호(蒼龍號)를 독일 상사 세창양행에 주문했다. 손태현, 「구한말의 관영기선해운에 관한 연구」, 228쪽.

146) 1887년 4월 5일 메릴이 하트에게 보낸 서신(No.28).

147) 『日本外交文書』 第23卷, pp.202~203(公第29號), 代理釜山領事宮本致外務次官子岡部函(明治 23年 3月 1日).

148) 『日本外交文書』 卷25, pp.448~452(機密 第3號, 機蜜送第287號), 代理釜山領事中川與榎本外務大臣往返函(明治 25年 3月 11日, 4月 15日).

149) 이 장의 주 66), 67) 참조.『統理交涉通商事務衙門日記』第13冊, 高宗 29年 10月 4日, 17日, 20日條.

150) 원세개의 일방적 압력하에 조선전운총무어사 정병하(鄭秉夏)는 1892년 10월 6일(11년 24일) 담이시와 「속정대관합동(續訂貸款合同)」과 「구선천수소화윤선조규(購選淺水小火輪船條規)」 12조를 체결했는데 그 주요 요점은 다음과 같다. "청조의 주식은 매 주 400원이며 400주 한도 내로 한다. 소윤선 2척을 뽑아서 조선 접운 국선으로 하는데 동순태가 관리하고 조선은 절제하지 않는다. 내지 각 항 운항 및 운조를 하는데 조선 기로 바꾸어 꽂고 조선 관리는 적당히 보호하고 도와준다. 매년 운조미 10만 포, 포마다 단지 8분(分)의 운임을 낸다. 타국과 접운 약정은 다시는 불허하는데, 15년을 기한으로 한다"『朝鮮檔』, 李鴻章致總署函(光緖 18年 10月 22日);『中日交涉史料』卷12, p.12(第869件).

151)『李文忠公全集奏稿』卷75, 朝鮮續借銀十萬兩摺(光緖 18年, 10月 22日);『李文忠公全集電稿』卷14, 袁道來電(光緖 18年 10月 3日), 覆朝鮮袁道(光緖 18年 10月 3日)

152) 이선근,『한국사』(최근세편)(을유문화사, 1961), 876쪽; Nelson, *Korea and The old order*, p.194.

153)『朝鮮檔』, 李鴻章與總署往返函, 光緖 19年 10月 22日, 27日.

맺음말

원세개는 중국 최근세사에서 매판적 반동정치가이자 권모술수와 이중성으로 잘 알려진 인물로, 우리나라에서도 추예한 행동으로 유명했다. 비상한 수완과 능력을 갖춘 그는 사람들이 괴걸 원세개라 할 만큼 독단과 모략, 배반을 감행하는 호전적 성격의 소유자로, 민중을 저버리고 권력과 부귀를 얻는 데 몰두한 인물이다.

간략히 그의 생애를 살펴보면 1859년 8월 20일 원보중의 넷째 아들로 하남성 항성현에서 태어났으나, 숙부 원보경의 양자가 되었다. 그는 향시에 두 번 응시했으나 급제하지 못해 문관의 꿈을 포기하고 무관이 되겠다는 야망을 품었다. 양부 원보경과 막역지우인 경군통령(慶軍統領) 오장경이 원세개의 재주를 인정해 1880년에 휘하로 거둠으로써 무관이 될 수 있었고, 이때부터 오장경과의 기연이 시작되었다. 오장경은 1882년 임오군란 시에 청군 인솔자로 임명되어 조선에 부임했는데, 이때 그의 막료인 원세개도 조선에 들어온 것이다.

원세개는 1882년 조선에 온 이후 1882년부터 1894년 사이에 10여 년간 머물면서, 정치적·경제적으로 조선 정부에 막대한 영향을 끼쳤다. 그는 종래의 청과 조선의 의례적인 종속관계를 실질적인 종속관계로 변화시켰으므로, 청의 대조선 적극 정책이 그를 통해 구현되었다고 할 수 있다.

원세개는 1859년에 태어나 1916년 사망하기까지 집념과 투지와 책략으로 팽팽히 채워졌던 57년간의 일생 중 가장 젊고 활력이 넘치는 청년기(23세에서 36세까지)를 조선에서 보내면서 능력을 키우고 외교적인 수완을 마음껏 발휘해 장년기의 출세를 위한 발판으로 삼았다.

청일전쟁이 발발하자 곧바로 귀국한 원세개는 1895년 중국에 근대식 군대를 창건해 청군 사령관을 지냄으로써 북양군벌의 효시를 이루었다. 그는 1897년 직예안찰사를 거쳐 1898년에는 무술정변 시 배신의 대가로 얻은 산동순무를 거쳐 1901년 직예총독 자리에까지 올랐다. 1911년 신해혁명이 발발하자 중화민국 대총통의 자리를 차지했고, 1915년에는 황제로 즉위했다. 그러나 그를 반대하는 소리가 날로 높아지고 형세가 불리해지자 같은 해에 제위를 내놓았다. 이 과정에서 화병을 얻어 1916년 급사함으로써 원세개의 인생은 막을 내렸다.

원세개는 이중적 성격의 소유자로 지목되었고, 도덕적으로 크게 지탄을 받았다. 20세 전후에 사촌 여동생을 겁탈해 원씨(袁氏) 일족이 살던 원채(袁寨)에서 쫓겨난 적이 있으며, 오장경의 두터운 지원을 받았으나 후일 오장경을 능멸했고, 오장경의 막빈으로 조선에 온 장건을 사사했으나 대관에 이르자 장건에게 항례했다. 이뿐만 아니라 무술정변 시에는 정변의 주체인 변법파를 배신했고, 신해혁명 시에는 청조와 혁명파를 배신했다. 이는 그의 이중성을 드러내는 대표적 사례라 하겠다.

원세개가 도덕적 흠결에도, 탁월한 재능과 사태에 대한 빠른 대응, 뛰어난 통솔력으로 주위 사람들을 휘어잡았던 점은 부정할 수 없다. 그의 능력과 성격은 조선에는 불행으로 작용했다. 그가 조선을 떠날 때까지 조선과 청국의 종속관계는 철저히 유지되었던 것이다.

앞서 1~6장을 통해 원세개가 1882년 조선에 발을 들여놓은 이후 어떻게 세력 기반을 확립했고, 1885년 조선의 주차관으로 임명되어 10여 년간 조선에 체류하면서 어떻게 조선의 내정에 간섭하고 청의 경제권을 신장했는지 살펴보았다.

이제 마지막으로 간단히 그 내용을 정리하면서 평가와 결론을 내리고자 한다.

원세개는 그의 나이 23세 때인 임오군란 당시 조선 땅에 첫발을 디딘 후 1894년 청일전쟁 발발로 조선을 떠날 때까지 10여 년간 조선에서 활동했다. 임오군란 당시 청병의 군기를 확립하고 작전을 지휘해, 조선의 신군을 창설하고 병권을 장악하는 데 크게 기여했으며, 갑신정변 시에는 휘하의 청병과 그가 양성한 2000명의 조선 신군이 정변의 주체인 독립당과 일본 병사를 물리치는 데 성공해 일약 명성을 떨쳤다. 이와 같은 활약은 그가 이홍장에게 발탁되어 조선에 부임하는 데 큰 도움이 되었다.

이홍장은 소극적인 조선 정책을 전개하고 있었다. 임오군란 당시 청군의 조선 출병이 성공했으나 일본과의 마찰을 극구 피하고자 했으며, 수구적 청류당의 대조선강경책 주장에는 시기상조를 이유로 들어 반대하고 자강운동에 주력했다. 갑신정변 때는 청과 프랑스의 개전으로 동쪽을 돌아볼 여유가 없었고, 게다가 공친왕 일파의 퇴각으로 이홍장은 궁지에 몰려 외국과 분쟁을 일으킬 처지가 아니었다.

이런 가운데 원세개가 이끄는 청군이 임오군란과 갑신정변에서 일본 세력을 제압하고 정치적으로 우위에 서게 되자, 이홍장은 1885년 진수당을 갑신정변 발생의 책임을 물어 본국에 소환하고 주차조선총리교섭통상사의라는 직함으로 원세개를 조선에 파견해 내정과 외교를 감시하고 경제적 진출을 꾀하도록 했다. 원세개는 26세 이후 10여 년간 실질적인 '감국대신(監國大臣)'으로 조선에 군림하며 청국의 대조선 정책을 성공적으로 유지시켜 조선이 열강과 결탁하는 것을 막고, 청의 굴레에서 벗어나지 못하게 하는 데 성공했다.

원세개가 주차관으로 부임할 무렵 조선에서는 영국과 러시아의 각축이 첨예화해 국제관계가 미묘하게 전개되는 한편, 친청과 친러 양 파의 암투가 치열해 정국이 크게 불안했다. 영국과 독일의 대항으로 서유럽 열강의 국제질서는 새로운 국면을 맞고 있었다. 또한 열강들은 아프리카와 아시아에서 식민지 경쟁에 몰두했으므로, 영국 외의 국가들은 조선에 관심을 기울일 여유가 없었다. 따라서 조선에서는 영국과 일본이 러시아의 남하에 민감한 반응을 보이는 형세가 나타났으나, 양국이 상호 견제하는 상태라 조선 정부에 대한 영향력은 그리 크지 않았다.

원세개가 조선에서 세력 기반을 확보하고 조선과 청국 간의 종속관계를 미증유로 강화할 수 있었던 것은 두 가지 조건이 합치했기 때문이다. 첫째, 조선의 정치적 불안과 국제간의 세력균형이 청국의 조선 정책을 적극화하는 데 용이했으므로 1880년대 조선 내에서 러시아·영국·일본 등 열강이 세력균형을 유지하기 위해 상호 견제하는 정세였다는 것과 둘째, 원세개가 천부의 재능과 기지로 사태의 추이에 재빨리 대응할 수 있었다는 것이다.

일본 세력이 날로 팽창하고 있고 러시아 또한 호시탐탐 조선을 노리고 있었기 때문에, 조선의 보수적 지배층인 사대당으로서는 이 두 세력을 견제하기 위해 청국을 끌어들일 필요가 있었다. 그런데 때마침 임오군란이 일어나 그 결정적인 계기를 마련했다. 여기에 금상첨화로 원세개와 같은 인물이 기용되어 일본을 견제하면서 청의 정치적 지위를 굳건한 반석 위에 올려놓아 조선이 다른 구미 열강과 결탁할 수 없게 막았다.

원세개는 청의 종주권을 내세워 조선의 내정과 외교에 간여하는 적극책을 주효하게 전개했다. 그는 타고난 기민성과 적극성으로 조선의 국책을 탐지하고, 사대당과 친러 세력의 결탁을 막아 친러 세력의 팽창을 막았다. 그리고 데니와 르장드르가 추진한 조선독립책을 사전에 봉쇄했고, 조선의 공사 파견에도 간섭해 종속관계를 강화시켰다.

이와 같이 원세개는 정치적으로 조선 내정에 깊이 간섭했음은 물론이고, 경제적인 면에서 청상의 보호와 통상·교역의 증대에 큰 공로를 세웠으며, 조·청 양국의 해관 통합, 조선에 대한 차관 전담, 전선 부설의 선점, 선박 운항의 강행 등 제반 문제에 간섭함으로써 속칭 "원대인", "감국대신"으로 불리거나 "조선의 왕"으로 불릴 정도로 조선의 경영을 전적으로 책임지고 있었다. 그가 있는 동안 조선은 실질적으로 청국의 속국이나 다름없었다.

원세개는 적극적인 청상 보호와 청국의 통상 교역 증대에 혈안이 되어 큰 공을 세웠고, 청국 상인의 한성 개잔을 밀어붙였으며 밀무역활동을 서슴없이 자행해 외국 공사들로부터 "밀수업자(Smuggler)", "외교의 무법자(Diplomatic Outlaw)"라는 말을 들을 정도였다.[1)] 이뿐만 아니라 조선 해관을 중국 해관에 통합·종속시켰고, 조선의 차관 문제도 낱낱이 간섭해 청국으로부터만 차관하도록 밀어붙였으며, 전신·통신 분야의 시설도 청국이 선점 및 독점하게 했다. 윤선 운항에서도 청나라 배만 이용하도록 강요했다. 참으로 원세개는 조선에 대해 날강도 같은 행위를 자행했다.

이와 같이 조선에 대한 원세개의 내정 및 외교·경제 간섭은 청의 종주권을 최대한 활용해 조선이 열강과 결탁하는 것을 막고 청국의 굴레에서 벗어나지 못하게 하는 데 크게 이바지했다.

원세개는 이홍장이 입안한 정책에 따라 성실히 정책을 수행한 좋은 '연기자'였다. 제롬 첸이 지적한 바와 같이,[2)] 원세개는 정책을 입안하는 그룹에 들지 못했고, 전쟁이나 평화를 결정지을 만큼 중요한 위치에 있지 않았다. 따라서 조선에서의 그의 역할은 청 조정에서 결정한 대로 실행하는 대행 역이었던 것이다.

원세개는 청국의 대외정책 입안자인 이홍장의 정책을 충실히 실행에 옮기는 정책 대행자였다. 이홍장이 원세개를 조선에 파견하면서 "지금(1885년 8월) 무대가 완성되어 손님들이 오로지 너(원세개)의 등장을 기다리고 있다"[3)]라고 한 것은 해학에 지나지 않으나, 그 말에는 원세개의 기능과 역할이 충분히 드러나고 있다.

물론 그가 조선 내에서 세력 기반을 확보하고 정치·경제 면에서 종속관계를 더욱 강화할 수 있었던 것은 그가 타고난 재능과 과단성 있는 판단력으로 이홍장의 정책이 각본 이상의 효력을 갖게 했으므로, 이를 이홍장이 믿고 밀어줬기 때문이다.

임오군란 전까지 청은 일본 세력에 외교나 경제적으로 기선을 빼앗겨 조선에의 진출이 용이하지 않았고, 러시아 세력의 남하는 청에 큰 위협이 되고 있었다. 청이 이 두 세력을 견제하기 위해서는 조선에서 정치적으로 우위를 확보할 수 있도록 정책을 전환할 필요가 있었다. 결국 정책의 전환은 조선의 내란을 틈타 종래의 종속관계를 한층 더 강화하고, 종주국으로서 강력한 권력을 행사해 조선의 속국화를 실질적으로 시도한 것이다.

또한 원세개가 활동하던 시기는 마침 이홍장·장지동 일파가 자강운동을 추진하던 때였다. 이는 구질서는 그대로 유지하면서 서양의 물질문명을 도입해, 즉 근대식 병기 구입과 그 제조법의 훈련을 통해 자강을 도모한 것이다. 따라서 원세개가 조선에서 집행한 정책은 그와 같은 활동을 적극 지원하기 위한 것이었다. 청 상인의 보호와 통상·교역의 진흥책, 그리고 해관, 차관, 전선 가설, 윤선 운항을 통한 조선 예속화 정책은 큰 성과를 거두었다.

요컨대 원세개는 조선에 주재하는 동안 청조와 이홍장에게 충성을 다했고, 재능을 마음껏 발휘해 장차 출세할 수 있는 터전을 마련했던 것이다. 조선에서의 활약과 경험이 원세개를 청 말과 중화민국 초에 정계를 주름잡는 괴물로 성장시켰다는 점은 간과할 수 없다.

이홍장이 원세개를 등용해 적재적소에 썼으므로 청일전쟁 발발 직전까지 한동안 별다른 분규 없이 평화 국면을 성공적으로 유지할 수 있었다. 그러나 그 평화에는 시한이 있었다. 메이지유신으로 급속히 발전한 일본이 군비를 확장하면서 청의 적극적인 조선 진출은 장차 청국 퇴각의 화근이 되었다. 이홍장과 원세개가 내외에서 서로 한통속이 되어 청의 대조선 정책을 원만히 수행할 수 있었으나 원세개에 의한 청국의 무역 실적 증대와 그에 따른 경제적 이득의 급격한 상승은 마침내 일본과의 대립을 첨예화해 전쟁을 유발하는 원인이 되었던 것이다. 청국의 두드러진 발전은 일본이 기왕에 구축했던 세력 기반에 큰 위협이 되었기 때문에 일본은 이를 제거하기 위해 조선과 청국 간의 종속관계를 단절시켜야 했다. 이를 위해 외교적 방법이 불가능한 상황에서 오직 무력 동원에 매진해 일어난 것이 청일전쟁이다.

그리고 한 가지 더 주목해야 할 사실은 원세개가 재임하던 10여 년 동안[4] 청의 대조선 정책은 성공적으로 유지되었고, 더 나아가 청의 정책이 조선에 대한 내정간섭으로까지 비화됨으로써 조선은 청의 속국과 다름없었다는 점이다. 그러므로 1882년부터 1894년까지 중국의 이 내정간섭의 시기는 그야말로 날로 격화되는 세계적 제국주의 상황에서, 조선에는 짧지만 자주 개혁을 위한 마지막 기회라고 할 수 있는 기간이었다. 이 황금 같은 시기가 원세개의 기막힌 간섭과 책동으로 유실되고 말았으니, 대한제국 망국의 책임이 청국과 원세개에게 있다는 사실을 간과할 수 없다.

중국의 시진핑이 방미 당시 트럼프를 만나 "한국은 우리 중국의 속국이었다"라고 귓속말을 했던 것은, 그때의 뼈아픈 역사를 다시금 상기시킨다.

청일전쟁 소식에 술렁이는 외국인들
≪르프티 파리지앵(Le Petit Parisien)≫, 1894년 8월 13일 자.

그러면 우리를 둘러싼 오늘의 현실은 과연 어떠한가? 100여 년 전과 비교해 과연 더 나아지고 있는가? 당시 하나의 나라였던 조선은 이제 북한과 한국으로 두 동강이 나 있다. 게다가 최근 한국의 국정은 물론이고, 한반도를 둘러싼 국제 상황도 어려워지고 있다. 미국이 중국과 무역전쟁을 선언한 이후, 미국과 중국 간 긴장의 파고는 무역과 산업을 넘어 북핵, 타이완, 남중국해, 우주 개발 등 전방위적으로 거세지고 있다. '강한 중국'을 중국몽으로 내세운 시진핑의 외교와 "미국을 다시 위대하게(Make America Great Again)"를 내건 트럼프의 외교적 충돌을 우리는 목도하고 있다. 여기에다 설상가상으로 일본은 한국에 경제전쟁을 선포했다.

결국 아시아는 미국·일본 대 중국·러시아가 겨루는 신(新)냉전 시대에 돌입했고, 한반도는 그 냉전 구도의 뇌관에 자리하는 운명을 맞고 있다. 중국은 북한을 지렛대 삼아 우리와 미국을 겨냥하고 있다. 지정학적 여건이나 국력으로 보아 신냉전 상황에서 한국에 매우 절실한 것은 세계정세를 면밀히 분석해 냉엄한 선택으로 개항기 조선과 이름뿐이던 대한제국의 실패를 되풀이하지 않는 것이다. 70여 년간 동맹관계를 유지해 온 한국과 미국이 근자에 상당히 심각한 균열을 보이기 시작했다. 북한 비핵화와 한국의 대북 지원을 둘러싼 정책 공조상의 문제에서 불거진 것이지만, 단순한 견해나 입장 차이 때문만은 아니다. 한국에 대북(對北) 유화 정권이 들어서고, 미국에서 '미국 우선주의자'가 대통령이 되면서 이미 예견됐던 사안이다. 17세기 초 망국을 경험한 중국의 실학자 고염무(顧炎武)가 국가가 잘못된 데는 일개 필부필부(匹夫匹婦)에게도 책임이 있다고 하지 않았던가. 위태로운 역사적 국면을 맞아 다시 한번 국가다운 국가를 만들어야 한다는 과제가, 한국에서는 여전히 끝나지 않은 현실임을 자각해야 한다. 그리고 역사학에 종사한 사람으로서 '우리끼리'라는 한반도, 민족만의 세상에 갇히지 말고, 세계의 흐름에 열려 있는 개방적 역사 인식이 절실히 필요함을 재인식하게 된다.

주

1) O. N. Denny, 『淸韓論』, 柳永博 譯註(東方圖書, 1989), p.54

2) Jerome Ch'en, *Yuan shih-k'ai*, p.240.

3) 沈租憲, 『菴弟子記』, p.18.

4) 원세개가 조선의 주차관으로 있던 시기(1885~1894)에 고종은 33~42세였고, 원세개는 26~35세였다. 원세개가 고종보다 7살 아래였다.

원세개 가계도

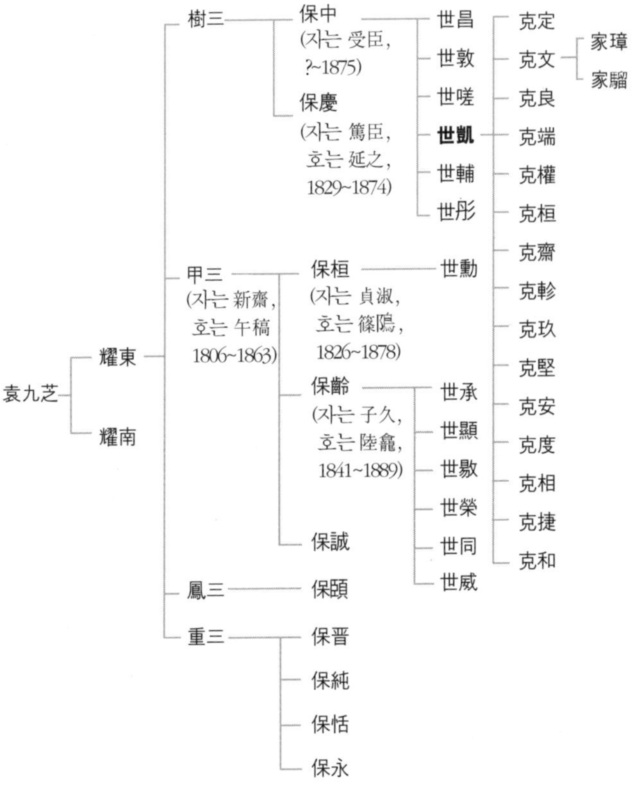

자료: 『容菴弟子記』; 『陰晴史』; 『清史稿列傳』; A. W. Hummel, *Eminent Chinese of Ch'ing Period*, Vol.II; 林明德, 『袁世凱與朝鮮』(中央研究院 近代史研究所, 專刊 26).

참고문헌

1. 사료

① 한국

『高宗純宗實錄』.

『公文謄錄』. 서울대학교 도서관 소장.

『德案 I』(舊韓國外交文書).

『承政院日記』.

『淸案 1』(舊韓末外交文書).

『統署日記』 1(舊韓國外交關係附屬文書).

國史編纂委員會 編. 1957. 『韓國季年史』.

國史編纂委員會. 1955. 『梅泉野錄』.

國史編纂委員會. 1958. 『從政年表』.

奎章閣 編. 『日省錄』.

金玉均. 『甲申日錄』.

金允植. 『雲養集』.

金允植. 『陰晴史』.

체신부. 1985. 『한국전기통신 100년사』.

인천부청 엮음. 『仁川府史』.

② 중국

『袁氏家書』(中央研究院 近代史研究所 所藏『容菴總統家書』에 수록).
『朝鮮檔』. 中央研究院 近代史研究所 所藏.
『中法兵事本末』(中國近百年史資料初編에 수록).
『清季中日韓關係史料』, 台北: 中央研究院近代史研究所, 1972.
『清光緒朝中日交涉史料』. 台北: 文海出版社. 1963.
『清 德宗實錄』.
『清代通史』. 台北: 商務印書館. 1962.
馬建忠. 1961.『東行三錄』. 台北: 廣文書局.
白蕉. 1962.『袁世凱與中華民國』. 中國現代史料叢書 第1輯. 台北: 文星書店.
王信忠. 1964.『中日甲午戰爭之外交背景』. 台北: 文海出版社.
王彦威 外. 1932.「清季外交史料」. 北京.
王芸生. 1932.『60年來中國與日本』. 天津大公報社.
袁世凱.『養壽園電稿』.
劉厚生. 1965.『張謇傳記』. 香港龍門書店.
李鴻章. 1965.『李文忠公全集』. 台北: 文海出版社.
張謇.『張季子九錄』. 中華書局. 民國 20年.
張謇研究中心. 1993.『張謇全集』. 江蘇古籍出版社.
張佩綸. 1918.『澗于集』.
趙爾巽. 1935.『清史稿』. 香港.
中華書局 編.『清史列傳』. 臺北: 中華書局.
沈祖憲 外. 1962.『容菴弟子記』. 吳相湘 主編. 中國現代史料叢書 第1輯. 台北: 文星書店.

③ 일본

露國大藏省 日本農商務省 譯.『韓國志』.
日本外務省 編.『日本外交文書』.
『朝鮮電信誌』. 1895年 2月 日本遞信省通信局 發行.

④ 미국

Hummel, Arther W.(ed.). 1944. *Eminent Chinese of Ch'ing Period*, Vol.2, Washington.

2. 연구서

① 한국

강만길. 1984.『한국근대사』. 창작과 비평사.
국사편찬위원회. 1975.『한국사』.
권석봉. 1992.『청말 대조선정책사 연구』. 일조각.
김용구. 2009.『거문도와 블라디보스토크: 19세기 한반도의 파행적 세계화 과정』. 서강대출판부.
김종원. 1999.『근세 동아시아관계사 연구』. 혜안.
데니, O. N.(O. N. Denny). 1989.『청한론』. 유영박 역주. 동방도서.
목린덕(穆麟德).『목린덕수기(穆麟德手記)』. 고병익 옮김. ≪진단학보≫, 24집.
박준규. 1963.『한말의 대외관계』(국제정치논총 제1집).

비숍, I. B.(I. B. Bishop). 1994.『한국과 그 이웃나라들』. 산림.
손정목. 1982.『한국개항기 도시변화과정 연구』. 일지사.
신기석. 1959.『청한종속관계』. ≪아세아연구≫, 2권 1호.
알렌, H. N.(H. N. Alen). 1991.『알렌의 일기』. 김원모 옮김. 단국대출판부.
이광린. 1981.『한국사강좌』(근대편). 일조각.
이선근. 1961.『한국사』(최근세편). 을유문화사.
조기준. 1973.『한국자본주의성립사론』. 고려대학교 출판부.
한우근. 1976.『한국개항기의 상업연구』. 일조각.

② 중국

臺灣 中華書局編輯部 編. 1934.『袁世凱竊國記』. 臺灣: 中華書局.
林明德. 1971.『袁世凱與朝鮮』. 台北: 中央硏究院 近代史硏究所.
候宜杰. 1994.『袁世凱全傳』. 當代中國出版社.
夏東元. 1992.『洋務運動史』. 上海: 華東師範大學出版社.

③ 일본

『朝鮮通商三關貿易冊』. 1887.
監川一太郎. 1895.『朝鮮通商事情』.
關矢充郎. 1913.『怪傑袁世凱』. 實業之日本社.
廣畑茂. 1939.『支那貨幣金融發達吏』.
內藤順太郎. 1913.『正伝袁世凱』. 東京博文館.
小林幾次郎 譯, 1930.『近代支那通商史論』.
伊藤博文. 1936.『秘書類纂朝鮮交涉資料』.

田保橋潔. 1940.『近代日鮮關係の硏究』. 朝鮮總督府中樞院.
彭澤周.『中國の近代化と明治維新』.
Ch'en, Jerome. 1980.『袁世凱と近代中國』. 守川正道 譯. 岩波書店.

④ 기타

Allen, Horace N. 1904. *Korea Fact and Fancy*. Methodist Publishing House.
Bishop, I. B. 1898. *Korea and Her Neighbors*. New york.
Ch'en, Jerome. 1972. *Yuan Shin-K'ai*. Stanford University Press.
Denny, O. N. 1888. *China and Korea*. Shanghai, Kelly and Walsh, Ltd.
Nelson, M. F. 1945. *Korea and The old orders in Easten Asia*. Louisiana state University press.

3. 연구 논문

① 한국

고병익. 1970.「목린덕의 고빙과 그 배경」.『동아교섭사연구』. 서울대학교 출판부.
고병익. 1970.「조선해관과 청국해관과의 관계의 변동」.『동아교섭사의 연구』. 서울대학교 출판부.
권석봉. 1963.「이홍장의 대조선열국입약권도책(對朝鮮列國立約勸導策)에 대하여」. ≪역사학보≫, 21집.
권석봉. 1975.「임오군란」.『한국사』16(근대편). 국사편찬위원회.

김정기. 1981. 「조선정부의 일본차관 도입」. 『우근박사정년기념사학논총』.

김정기. 1976. 「조선정부의 청차관도입」. ≪한국사론≫, 3집.

김정기. 1979. 「병선장정의 강행(1888.2)에 대하여」. ≪한국사연구≫, 24호.

김정기.1987. 「제국주의침략과 사회경제적 변동」. 한국사연구회 엮음. 『한국사연구입문』, 지식산업사.

김종원. 1970. 「청의 대조선 적극책의 기록: 임오사변시의 파병문제를 중심으로」. 『이해남 박사 화갑기념사학논총』. 일조각.

김종원. 1975. 「조·청상민수륙무역장정의 체결과 그 영향」. 국사편찬위원회. 『한국사』 16(근대편).

담영성. 1976. 「조선말기청국상인에 관한 연구」. 단국대학교 대학원 석사학위논문.

박준규. 「국제관계의 다변화와 청한종주권」. 『한말의 대외관계』.

손태현. 2000. 「구한말의 관영기선 해운에 관한 연구」. 삼귀문화사.

유홍열. 1975. 「갑신정변」. 『한국사』 16(근대편). 국사편찬위원회.

이병천. 1985. 「개항기 외국상인의 침입과 한국상인의 대응」. 서울대학교 박사 학위논문.

이양자. 1981. 「청의 대조선정책과 원세개」. ≪부산사학≫, 5집.

이양자. 1984. 「청의 조선경제정책과 원세개」. ≪부산사학≫, 8집.

이양자. 1987. 「청의 대조선경제정책과 원세개: 해관, 차관, 전선, 윤선 문제를 중심으로」. ≪동의사학≫, 3집.

이용희. 1964. 「거문도점영외교종고(巨文島占領外交綜攷)」. 『이상백박사회갑기념논총』.

최영희. 「구미세력의 침투」. 『한국사』 16(근대편). 국사편찬위원회.

한우근. 1964. 「개항후 금의 해외 유출에 대하여」, ≪역사학보≫, 22집.

② 일본

康玲子. 1985.「甲申政變の問題點」,『朝鮮史研究會論文集』22. 朝鮮史研究會.

藤岡喜久男. 1970.「朝鮮時代の 袁世凱」. ≪東洋學報≫, 第52卷 第4號.

北川修. 1932.「日清戰爭までの日鮮貿易」. ≪歷史科學≫, 創刊號.

③ 기타

Merill Letter Books ; Meill to Hart, Feb. 8, 1886.

Hart Letters ; Hart to Meill, Sep. 15, 1885. Nov. 30, 1885.

찾아보기

ㅂ

ㅅ

ㅇ

ㅊ

ㅋ·ㅌ·ㅍ

ㅎ

기타

이양자(李陽子)

부산 출신(1941년생)
경남여고 졸업
서울대학교 사범대학 역사교육과 졸업 문학사
서울대학교 대학원 사학과(동양사 전공) 문학석사
영남대학교 대학원 사학과(동양사 전공) 문학박사

현재 동의대학교 사학과 명예교수
전 중국사학회 회장, 현재 고문
전 한중인문학회 고문
중국근현대사학회, 동양사학회 평의원
여성문제연구회 부산지회 명예회장

저서 『송경령 연구』(1998), 『역사를 움직인 중국 여성들』(2014), 『자성의 길목에서』(2017), 『20세기 중국을 빛낸 자매, 송경령과 송미령』(2019)

편저 『현대중국의 탐색』(2004), 『주제와 영상으로 보는 중국사 산책』(2010), 『그리움은 강물처럼』(2010)

역서 『송경령 평전』(1992), 『중국근대사』(1994), 『송경령과 하향응』(2000), 『20세기 중국을 빛낸 위대한 여성, 송경령』 상·하(2001), 『중국혁명의 기원(2004), 『송미령 평전』(2004), 『주은래와 등영초』(2006), 『사료로 보는 중국여성사 100년』(2010)

공저 『한국사』 39권(1999), 『중국 여성, 신화에서 혁명까지』(2005), 『중국근대화를 이끈 걸출한 인물들』(2006), 『중국 근대화를 이끈 걸출한 여성들』(2006), 『중국 근현대 주요 인물연구』 1(2009), 『중국 근현대 주요 인물연구』 2(2009), 『조선 후기 대외 관계 연구』(2009), 『거목의 그늘』(2014), 『정치가의 연애』(2015)

한울아카데미문고 001

감국대신 위안스카이

좌절한 조선의 근대와 중국의 간섭

지은이 | 이양자
펴낸이 | 김종수
펴낸곳 | 한울엠플러스(주)
편집 | 최진희

초판 1쇄 인쇄 | 2020년 1월 27일
초판 1쇄 발행 | 2020년 2월 5일

주소 | 10881 경기도 파주시 광인사길 153 한울시소빌딩 3층
전화 | 031-955-0655
팩스 | 031-955-0656
홈페이지 | www.hanulmplus.kr
등록 | 제406-2015-000143호

Printed in Korea.
ISBN 978-89-460-6858-2 93910

* 책값은 겉표지에 표시되어 있습니다.